Beatrice Schlag

Eric + Leny Frösch
Steinweg 3
4147 Aesch

Plädoyer für das Sumpfhuhn

Kolumnen aus der SonntagsZeitung

Schwabe & Co. AG · Verlag · Basel

© 1994 by Schwabe & Co. AG · Basel
ISBN 3-7965-0985-1
Herstellung: Schwabe & Co. AG, Muttenz, Schweiz

Inhaltsverzeichnis

Das Geheimnis des Bartwals 5
Der Strich 7
Ja, mach nur einen Plan 9
Der verpasste Augenblick 11
Vaterglück und Mutterfreuden 13
O Liebster, wie nenn' ich Dich? 15
Das dritte Auge 17
Schlüssel-Erlebnis 19
Nett, dass ich das auch erfahre 21
Hemvé 23
Herr G. und der weibliche Horizont 25
Latin Lovers 27
Der Nuttenlook 29
Von Männern, die eigentlich ganz anders sind ... 31
Ginggernillis 33
Das Sommerloch 35
Die Fliege 37
Verschwenderinnen 39
Eine gewöhnliche Ehe 41
Gegenzeit 43
Blumen für die Dame? 45
Körperarbeit 47
Frauen und Logik 49
Ein ganz normaler Verlierer 51
Cherchez la femme 53
Lügen 55
Das Schweigen der Clowns 57
Non fare lo Svizzero! 59
Himmlische Ru-huh 61
Drückeberger 63
Zukunftsschmarren 65
Traummänner und Frostbeulen 67
Holz vor der Hütte 69

Mann im Bett	71
Ramadan	73
Wechseljahre	75
Ach, ich hab sie ja nur auf die Schulter geküsst	77
Fremdsprache	79
Keinen blauen Dunst	81
Bademeister	83
Das Tabu	85
Extrawürste	87
Der Beifahrer	89
Fellini lesen	91
Ein nutzloses Talent	93
Der Kinderwunsch	95
Plädoyer für das Sumpfhuhn	97
Hausmänner	99
Bitte nöd umeluege	101
Birnenliebhaber	103
Brennende Eitelkeit	105
Ungeteilte Vorfreude	107
Zapperphilipp	109
Das Zwiebelchen und der Siegertyp	111
Das Grumello-Syndrom	113
Schwobe	115
Jagdszenen aus dem Mittelland	117
Umzug	119
Das Poulet	121
Langeweile	123
Jurassic Park	125
Der Röntgenblick	127
Culo! Culo!	129
Wenn der Mond im siebten Hause steht	131
Bingo!	133
Prestige	135
Ein treuer Ehemann	137
Ida und Anna	139
Der Rottweiler	141
Ein weitsichtiger Mann	143

Das Geheimnis des Bartwals

Dass zwischen Mann und Frau nicht mehr Seelenverwandtschaft herrscht als zwischen Bartwal und Waldohreule, steht inzwischen in jedem drittklassigen Ehehandbuch. Und was haben wir daraus gelernt? Nichts. Statt fröhlich eigener Wege zu gehen und gemeinsam nur den Aktivitäten zu huldigen, die im Alleingang höchstens mässige Befriedigung verschaffen, rackern wir uns unbeirrt mit seelischen Annäherungsversuchen ab. Je breiter die Gräben werden, die sich zwischen uns auftun, desto hektischer üben wir uns im Weitsprung. Es sage jetzt keiner, das habe die Natur eben so vorgegeben. Derart unbesonnene Sturheit hat nichts mit Natur, sondern mit dem hoffärtigen menschlichen Ehrgeiz zu tun.

Vielleicht auch nur mit weiblichem Ehrgeiz. Denn der Mann, das muss gesagt sein, ist da in der Regel einsichtiger. Er will die Frau selten ändern und noch seltener von ihr verstanden werden. Sie muss weder die Begeisterung für seinen neuen Schlagbohrer noch für Western mit ihm teilen. Er ist auch ganz allein glücklich, wenn Clint Eastwood losreitet. Nur ihre Kommentare über primitive Cowboys gehen ihm etwas auf die Nerven. Aber auch wenn sie krittelt, unleidig ist oder über unwichtige Probleme reden will, lässt er sich selten zu Streitigkeiten hinreissen. Meist flüchtet er sich vor den Fernseher und sitzt dort den negativen Energieschub seiner Liebsten aus, überzeugt, dass Ignorieren der schnellste Weg zur Besserung ist. Seine eigenen Ansprüche an sie sind bescheiden: Die Frau soll vor allem da sein, wie der Schuhlöffel und die Zeitung am Morgen. Im übrigen ist Ruhe im Haus die höchste seiner Ambitionen.

Ich habe mir oft überlegt, warum Frauen zu diesem

Zustand unhinterfragten Nebeneinanders unfähig sind. Die Ursache liegt, glaube ich, in einer hundsgemeinen Tücke der Natur, einer hormongesteuerten Vorspiegelung falscher Tatsachen. Oder wie soll man den Umstand nennen, dass der Mann, kaum hat er sich verliebt, der Frau in seinen Gefühlen und Bedürfnissen so ähnlich wird? Ein verliebter Mann ist zu Emotionsstürmen fähig, an die er sich im Normalzustand nicht einmal mehr erinnern kann. Er dichtet. Er scherzt. Er kauft halbe Blumenläden auf. Er wandert bei Vollmond auf den Üetliberg. Er gibt sein Innerstes preis, Vater-, Mutter-, Onkelkonflikte. Er kost jedes Fältchen ihrer Armbeuge. Er hängt an ihren Lippen, wenn sie von sich erzählt. Er ist entsetzt über ihre harten Erfahrungen, vor allem mit früheren Männern. Er vibriert vor Gemütsbewegung.

Dieser Zustand hält so lange vor, bis die Frau sich ihm rettungslos zugehörig fühlt, weil sie glaubt, endlich ihren Seelenzwilling gefunden zu haben. Aber kaum hat sie ihren inneren Single an den Nagel gehängt – pffffft! – verpufft der Zwilling. Der Vorgang war mir immer ein Rätsel. Nicht die langsam abklingende Verliebtheit, sondern das Entfleuchen der Ähnlichkeit. Weg der Erzähler, der Mondscheingänger, der Beziehungsgründler. Zurück bleibt ein Bartwal, der in unbekannten Gewässern dümpelt. Es wäre hilfreich, wenn uns jemand das Phänomen erklären könnte. Wir könnten dann die Fahndung nach dem Zwilling, der da einst war, womöglich einstellen. Und der Bartwal hätte ein wesentlich friedlicheres Leben.

Der Strich

Ein älterer Italiener, der in verschiedenen Ländern ziemlich viele Jahre hinter Gittern zugebracht hat, erzählte mir einmal von seiner Begegnung mit einem belgischen Gefängnisdirektor. Er war in dessen Büro zitiert worden und strebte geradewegs auf das Direktorenpult zu, als zwei Wärter ihn bei der Schulter packten und auf die Markierungslinie deuteten, die einen Meter vor dem Pult auf den Boden gemalt war. «Bis hierher darf der Gefangene vortreten.» Der Italiener fand das so komisch, dass er nicht mehr aufhören wollte zu lachen. «Ein Strich, dem man gehorchen musste!» Ich sah nicht ein, was daran lachhaft sein sollte. In meiner Schweizer Bank gibt es auch so einen Strich einen Meter vor dem Schalter. Irgendwann vor ein paar Jahren war er plötzlich da, und alle Kunden gehorchen ihm gern. Wenn man ihn übertritt und dem Kunden am Schalter zu nahe kommt, eilen zwar keine Wärter herbei, aber die strafenden Blicke der übrigen Wartenden haben eine ähnlich packende Wirkung wie Wärterhände. Als ich das dem Italiener erzählte, sah er mich entgeistert an. «Das lasst Ihr Euch bieten? Einen Strich in der Bank, wo Ihr Euer Geld hintragt?»
Das lassen sich die Schweizer nicht bieten, Amico mio, das wollen wir so. Aber das ist einem Italiener schwer zu erklären. Ihr drängelt Euch einfach rings um einen Schalter, und während man Euch stundenlang warten lässt, schimpft Ihr lauthals, weil Ihr wegen eines Schecks über hunderttausend Lire einen halben Vormittag in der Bank zubringen müsst. Oder wegen Mammas neuem Rentenkonto. Als Bancomat-Kunden steht Ihr unbekümmert vor dem Apparat auf der Strasse, eine Hand im Hosensack, während Ihr mit der andern rudernd Euren Code eintippt. Die ausgestossenen

Noten rupft Ihr triumphierend aus dem Schlitz und hofft, dass Euch jemand zugesehen hat, wie Ihr – abrakadabra – Plastik zu Geld gemacht habt. Ihr tut, als sei Geld einfach nur ein Zahlungsmittel, das man herzeigen und über das man reden kann wie über Fussball. Dabei ist die sublime Intimität finanzieller Angelegenheiten eine Köstlichkeit, von der Ihr angeblichen Lebensgeniesser keine Ahnung habt. Ihr seid sogar imstande und redet vor Fremden über Euren Lohn.

Wir hingegen sind Experten in der Kunst des pekuniären Kamasutra. Wir stehen mit vorgebeugtem Oberkörper über dem Bancomat und lassen nach einem prüfenden Blick über die Schulter unsere Finger so geschickt über die Tasten gleiten, dass sich der Ellbogen dabei nicht bewegt. Was von weitem aussieht, als verrichte jemand verschämt seine Notdurft, ist in Wahrheit eine Reverenz an das Wunder des Geheimcodes. Mit der Markierung in der Bank verhält es sich ganz ähnlich. Welch ein Genuss, vor einem ahnungslos auf dem Strich stehenden Hinterkunden dreihundert Franken abzuheben, zehn Traveller-Checks zu bestellen oder – Höhepunkt der Intimität – unseren Kontostand zu erfragen. Letzterer wird vom Schalterbeamten natürlich niemals laut abgelesen, sondern wie ein Kasssiber unter dem Panzerglas durchgeschoben. Dazu machen die Angestellten in der Regel ein Gesicht, als habe man einen unanständigen Witz durchs Glas geflüstert. Nicht etwa, weil wir schon wieder unter Null sind, sondern weil wir vor ihnen entblösst haben, was kaum unsere Liebsten kennen. Früher gab es Flegel, die diese Intimität durch ein ungeniertes Schielen auf unser Sparbüchlein oder durch drängelige Vorfragen wie «Händ Sie au Drachme?» zunichte machten. Deswegen, habe ich dem Italiener zu erklären versucht, war es ein Segen, als der Strich kam. Aber er hat das mit Belgien und der Schweiz nicht auseinandergekriegt.

Ja, mach nur einen Plan

Vor ein paar Tagen, erzählte meine Freundin, hätte ihr Mann sie am liebsten erwürgt. Die Mordlust sei ihm im Gesicht gestanden. «Dabei habe ich gar nichts gemacht», beteuerte sie. «Ich habe nur eine neue Idee gehabt.» Da ihre Augen glitzerten und ihr Tonfall heimtückisch war, fragte ich, ob es etwa um einen Plan gegangen sei. Richtig geraten. Sie hatten einen ganzen Abend lang am Tisch gesessen und den Küchenumbau besprochen. Hatten ausgemessen, aufgezeichnet, wieder verworfen, die Einrichtung mit freistehendem und eingebautem Kühlschrank durchgespielt, usw. Um eins waren sie, mit sich und der neuen Küche zufrieden, ins Bett gegangen. Am nächsten Morgen, als er den Zettel mit den Massangaben für die Handwerker in die Tasche steckte, kam sie strahlend aus dem Bad und rief: «Ich hab's! Wir machen den Schüttstein über Eck.»
Das Verwerfen sorgfältig vorbereiteter Pläne unmittelbar vor ihrer Umsetzung ist nicht nur, aber überwiegend, eine weibliche Eigenschaft. Sie löst bei anderen Frauen gelegentlich Knurren, bei Männern hingegen rabenschwarze Verzweiflung und häufig den bereits erwähnten spontanen Wunsch aus, die Frau mit der neuen Idee ein- für allemal mundtot zu machen. Was eine interessante Überreaktion ist. Warum dreht ein Mann durch, wenn die Frau plötzlich wilde Lust auf ein Fondue hat, nachdem er den Picknick-Korb im Kofferraum verstaut hat? Wieso reisst er wütend die Wanderschuhe von den Füssen, nur weil sie gefragt hat, ob schwimmen nicht lustiger wäre als Berge hochzukeuchen?
Das einzige männliche Argument gegen weibliche Instant-Projekte, das mir bekannt ist, lautet: «Wir haben aber beide beschlossen, dass ...» Oder beschwörender:

«Du hast doch selbst gesagt, dass ...» Als sei eine getroffene Entscheidung ein Schutzwall gegen neue Einfälle.

Aber ein Picknick ist kein Maastricht, das man besseren Ideen zum Trotz durchziehen muss. Falsch, sagt mein Vertrauensmann für Männerfragen. Der Mann strebe überall nach Ordnung, in der EG wie beim Sonntagsausflug, und Beschlüsse seien ein Ordnungsfaktor. Wenn die Frau sie im letzten Moment umstosse, verliere er den Überblick, werde sturm im Kopf und wütend wie ein Stier. Und wenn der neue Einfall besser ist als der alte Beschluss? Diese Möglichkeit, behauptet mein Vertrauensmann, könne ein sturmer Kopf nicht in Betracht ziehen.

Der verpasste Augenblick

Immer wieder werden die verschiedenen Lifestyle-Experten der Zeitungen von Lesern gefragt, in welcher Form man lange verschwiegene Probleme elegant zur Sprache bringt. Wie zum Beispiel überzeugt man einen Kollegen, in dessen Nähe man über Jahre den Atem angehalten hat, endlich etwas gegen seine Schweissfüsse oder seine streng riechenden Achselhöhlen zu unternehmen? Ein taktvoller Mensch, antwortet darauf in der Regel die Fachkraft für Weltmännisch, gehe das Problem diplomatisch an. Etwa, indem er dem Kollegen ein Deodorant oder ein paar frische Socken auf den Schreibtisch legt. Vermieden werden sollte auf jeden Fall, den Betreffenden direkt als Stinktier zu titulieren, weil das sein Selbstbewusstsein und folglich auch das gute Einvernehmen trübt.

Ich weiss nicht, wie diplomatisch Sie den Ratschlag finden. Mir bricht allein bei der Vorstellung, einem Kollegen ein Deodorant neben den Computer zu schmuggeln, der Schweiss aus. Der Mann muss doch ein Trauma fürs Leben davontragen! Da ist er ahnungslos pfeifend in den Feierabend gegangen, und am nächsten Morgen steht er dank einer anonymen Flasche Kölnisch Wasser öffentlich als Schweissbeutel da. Und nie wird er erfahren, ob ihn ein Freund, ein Feind oder alle miteinander nicht riechen können. Mir scheint das nicht weltmännisch, sondern ziemlich hinterhältig.

Aber wenn nicht so, wie denn dann? Rein theoretisch wäre ich für ein offenes Wort. In der Praxis bin ich, wie die meisten Menschen, etwas kleinlauter. Denn nicht immer handelt es sich um leicht wegzuwaschende Angelegenheiten. Durch verspätete Ehrlichkeit kön-

nen Grundfesten der Überzeugung ins Wanken gebracht werden. Und weil man das ahnt, bleibt einem das offene Wort im Hals stecken. Denn erstens – aber über die Reihenfolge bin ich mir unsicher – trampelt man geschätzten Menschen ungern auf der Seele herum. Zweitens möchte man sich die unangenehme Frage ersparen, warum um Himmels Willen man nicht früher den Mund aufgemacht habe. Drittens, und das ist das Peinlichste, hat man nicht selten an diesen Grundfesten mitgemauert.
Beispielsweise war ich einmal in einen Mann verliebt, der gerne vorlas, was ich leider nicht zu schätzen weiss. Um geschriebene Wörter zu geniessen, muss ich sie sehen. Trotzdem mimte ich Begeisterung, als er mir zum ersten Mal ein Märchen vorlas, denn ich hielt es für ein Symptom akuten Liebestaumels. Aber er las auch nach Monaten noch unerbittlich vor. Während er enthusiastisch deklamierte, wichtige Sätze wiederholte und mit dem Zeigefinger in der Luft unterstrich, sass oder lag ich daneben und sann auf Abhilfe. Sollte ich meine Anfangslüge beichten? Die ungerechte und immer ausgeprägtere Aversion gegen seine Vorleserei eingestehen? Wann, wie? Ob schliesslich die Feigheit überwog oder die Rücksicht, ist schwer auseinanderzuhalten. Ich habe jedenfalls nie ein Wort gesagt.
Der Lifestyle-Experte hätte mir vermutlich geraten, selber vorzulesen, Müdigkeit oder heftige Beschäftigung vorzutäuschen. Das mag elegant sein, aber es trifft nicht den Punkt. Das Problem ist, dass es einen richtigen und einen falschen Zeitpunkt gibt, Dinge zu sagen. Und dass man das immer erst merkt, wenn der richtige Zeitpunkt vorbei ist. Der andere, ob er riecht, vorliest, zuviel redet oder sich zuwenig kümmert, weiss davon nichts. Aber genau das ist es, was wir ihm ungerechterweise mit jedem Tag weniger verzeihen.

Vaterglück und Mutterfreuden

Der Wahnsinn galoppiert. Letzte Woche machte ein neapolitanischer Frauenarzt weltweit Schlagzeilen, weil dank seiner Hilfe erstmals eine Frau im Pensionsalter schwanger geworden ist. Wenn alles gut geht, soll die 62jährige Kalabresin Concetta D. in vier Monaten ihr erstes Baby gebären. Zwar wird das Kind mit seiner Mutter genetisch nicht verwandt sein, weil die Eizelle, die im Labor mit dem Sperma von Concettas Ehemann befruchtet wurde, von einer anonymen Spenderin stammt. Denn Concetta selber hat die Wechseljahre seit gut einem Jahrzehnt hinter sich und produziert keine Eizellen mehr. Aber immerhin, das Kind wächst in ihrer hormonbehandelten Gebärmutter heran und wird von dort, wenn es soweit ist, per Kaiserschnitt in die Welt geholt und der weisshaarigen Mamma in die Arme gelegt. Kein Gesetz untersagt das späte Mutterglück.
Rein theoretisch, sagen Gynäkologen, könne man auch noch älteren Frauen zur Mutterschaft verhelfen. Eine rüstige Endsiebzigerin in froher Erwartung ist mitnichten Science Fiction, sondern dank Hormonbomben und Reagenzgläsern nur eine Frage der Zeit. Noch hält Concetta D. den Alters-Weltrekord in Sachen guter Hoffnung, aber wahrscheinlich wird sie schon bald überrundet werden. Möglicherweise sogar von einem Mann. Denn bereits hat ihr neapolitanischer Arzt angekündigt, dass es ein Kinderspiel sei, einem Mann ein Embryo zum Austragen in den Bauch zu verpflanzen. Die Frage des Geburtsweges ist noch nicht restlos geklärt, aber das ist wissenschaftlich gesehen ein Klacks. Danach steht dem Kind im Manne nichts mehr entgegen.
Mit andern Worten: Im nächsten Jahrtausend ist

Schluss mit dem Mythos der Mutterschaft. Dickbäuchige Männer und Frauen zwischen zwanzig und neunzig werden die Warteräume der Frauen- und Männerärzte füllen, werden über die Herkunft ihrer Embryonen plaudern und Ultraschall-Bilder austauschen. Gemeinsam werden sie zum Schwangerschaftsturnen antreten, Bett an Bett in den Geburtsstationen liegen. Die Mütter werden die abgelegten Umstandskleider ihrer Töchter tragen, die Söhne die Neunmonats-Latzhosen nach Gebrauch an Papi weiterreichen. Koseworte wie Ätti, Groseli oder Omi werden langsam aus dem Sprachgebrauch verschwinden, und der Vatertag wird kein schäbig belächelter Jux mehr sein.
Endlich werden sich die Männer wirklich gleichberechtigt fühlen. Über die Frage, wann man ins Labor geht und welcher Elternteil niederkommen soll, werden Paarkonflikte völlig neue Dimensionen annehmen. «Mach du», sagt sie, «ich muss mich um meinen schwangeren Vater kümmern». Er will nicht schon wieder. Die Schwangerschaftsstreifen vom letzten Mal sind immer noch zu sehen. Ausserdem ist er romantisch. «Könnten wir es diesmal nicht auf ganz natürliche Art versuchen?» Sie schaut ihn grimmig an. «Natürlich? Typisch Mann! Du den Plausch und ich die Plagerei. Nein, mein Süsser, die Zeiten sind vorbei.»
Es ist unerheblich, ob wir das für eine Horrorvision oder eine leuchtende Zukunft halten. Sie kommt, ganz ohne unsere Meinung zu achten. Vielleicht in zehn, vielleicht erst in fünfzig Jahren, aber sie kommt. Denn was machbar ist, wird immer auch gemacht. Oder können Sie irgendwo Anzeichen dafür entdecken, dass die Welt zur Vernunft kommt?

O Liebster, wie nenn' ich Dich?

Als Liebesverhältnisse noch vor dem Standesbeamten geregelt wurden, ehe der Alltag über sie kam, war das mit dem Vorstellen kein Problem. «Das ist mein Mann. Das ist meine Frau.» Eine eindeutige Geschichte. Dann wirbelten die 68er alles durcheinander. Heiraten war pfui, weil Establishment. Ein festes Verhältnis galt als freiheitsberaubend, also potentiell konterrevolutionär. Und für den Gebrauch des besitzanzeigenden Fürworts «mein» in Zusammenhang mit einem Liebesobjekt hätte mancher gerne die Prügelstrafe wieder eingeführt. Die Frauenbewegung machte den Salat noch grösser. Zwar verliebten sich die Leute wie eh und je. Aber wer händchenhaltend überrascht wurde, sagte stammelnd «das ist Toni vom Gewerkschaftsrat» oder «Ursi von der Zeitungsgruppe» und nahm schleunigst seine Hand wieder zu sich. Ja nicht aussehen, als hätten einen die Gefühle im Griff statt umgekehrt.
Jetzt trägt man wieder mehr Gefühl, hat wieder Mut zur Treue, schon wegen Aids. Aber der segensreiche Knacks, den wir damals in Sachen Beziehungen bekommen haben, verheilt nicht mehr. Die Ungebrochenheit ist hin, die Heuchelei auch. Wer's nicht glaubt, braucht nur einmal darauf zu achten, wie Leute ihre Liebsten vorstellen. «Meine Frau»? Es gibt kaum noch Patriarchen, die ihre Angetraute als namenlosen Zivilstand präsentieren. Eher schon wird der Zivilstand unterschlagen und nur der Vorname genannt. Noch erstaunlicher als die Diskretion von Eheleuten ist die Verbalartistik der Unverheirateten. Offenbar haben sie ein dringenderes Bedürfnis als legalisiert Liebende, die Natur ihrer Beziehung gleich bei der Begrüssung zu klären. Vor kurzem wurde mir jemand

als «Erwin, mein neues Verhältnis» vorgestellt. Erwin schaute nicht sehr glücklich, und ich war etwas verlegen. Aber was hätte sie sonst sagen sollen? «Mein Freund»? Wer weiss schon nach ein paar Nächten, ob das Verhältnis auch ein Freund wird? Ausserdem tönt das Fürwort in Zusammenhang mit «Freund» schon wieder so possessiv. Überhaupt Freund, das klingt wie Kumpel, Verbündeter, und so gar nicht nach Flimmern. Aber wie denn dann? «Meine bessere Hälfte»? Um Gottes Willen! «Mein Schatz»? Zu kindlich. «Mein Liebster»? Zu hochdeutsch. «Mein Lover»? Etwas forsch, aber häufig zu hören.
«Meine Freundin stellt mich überhaupt nicht mehr vor», sagte kürzlich ein Kollege betrübt. «Sie trifft jemanden auf der Strasse, die beiden quatschen, und ich stehe daneben wie durchsichtig.» Wie würde er denn gerne vorgestellt werden? Das wusste er auch nicht. Die realtiv neue Brüchigkeit der Verhältnisse hat uns etwas sprachlos gemacht. Die Deutschen, Grossmeister im Hinterfragen, Klären und Auf-den-Punkt-bringen, sind da voraus. Die Regieassistentin, die mir bei einem Fest in Hamburg ihren Begleiter als «meinen gegenwärtigen Lebensgenossen» vorgestellt hat, habe ich mit offenem Mund angesehen. Am selben Fest lernte ich jemandes «Lebensabschnittsgefährtin» kennen. Das war mir bei aller Bewunderung für Klarheit zuviel. Wie kann man jemanden von vornherein zum Abschnitt deklarieren? Natürlich kommt es häufig so. Aber zumindest die Aussicht auf ein Open End möchte man sich doch ausbitten.

Das dritte Auge

In einem grossen Mietshaus in Sizilien wurde vor wenigen Wochen eine Frau nackt auf den Balkon ihrer Wohnung gesperrt, weil sie ihrem Mann Hörner aufgesetzt hatte. Typisch Sizilien, sagten die Italiener, und verurteilten aufs Schärfste den archaischen Bestrafungsakt. Genauso, wie wir das alle getan hätten. Natürlich, selbstverständlich, so etwas geht nicht an. Trotzdem faszinierte mich die Geschichte. Mit welcher Befriedigung hätte ich den einen oder anderen Peiniger meiner Seele hüllenlos auf die Terrasse gestossen und dann den Schlüssel umgedreht. Mit welch beglückendem Rachegefühl hätte ich zugesehen, wie er verzweifelt seine Blössen bedeckt zu halten versucht, während die Passanten grinsend oder empört zu ihm hochschauen und «Windhund» oder Deftigeres rufen. Aber in unseren Breitengraden werden schon lange keine Hörner mehr aufgesetzt. Bei uns kommt es vor, dass der Partner sich vorübergehend zu einem anderen Menschen hingezogen fühlt und diese Attraktion auch ausleben will. So reden sie daher in ihrem Populär-Psychologen-Deutsch, während die Eifersucht in deiner Brust Feuerwerke abfackelt. Du hast schon gestutzt, als er mit seltsamer Stimme am Telefon sagte: «Ich muss heute abend mit dir reden.» Denn Männer müssen nie mit einem reden. Ausser wenn sie sich trennen oder einem gestehen wollen, dass es neben dir noch eine andere Frau gibt, die sie gelegentlich im Unterleibchen sieht. Auch das sagen sie dir in der Regel erst, wenn es absolut unumgänglich geworden ist, weil sie entweder den Koffer schon gepackt haben oder in flagranti von deiner besten Freundin erwischt wurden, die jeden Moment anrufen kann.
Aber das Wann ist ein anderes Thema. Ob früh oder spät, der Zeitpunkt, jemandem wehzutun, ist immer falsch. Und leider tut die Nachricht, dass sich noch ein

anderer Mensch hautnah an deinem Liebsten erfreut, fast immer und fast allen weh. Wenn du in solchen Momenten wenigstens schreiend auf den jetzt wie nie Begehrten zustürzen dürftest, um ihn auszuziehen und auf den Balkon zu stellen! Wenn du zumindest seine geliebte Moto Guzzi zertrümmern oder seine Dias mit Benzin übergiessen könntest! Aber vor diese gesunden Rachegefühle schiebt sich sogleich der unerbittliche Riegel mitteleuropäischer Verhaltenskultur; jenes verdammte dritte Auge, das dich alles immer auch von aussen sehen und dich nicht einmal einen Pappteller an die Wand schmeissen lässt.

Also sitzst du innerlich zitternd und mehr oder weniger stumm da und hörst dir Vernünftigkeiten an: Dass die neue Beziehung, die er im Moment noch nicht abzubrechen gedenke, auch mit unserem etwas schlapp gewordenen Liebesalltag zu tun habe. Dass du dich nicht bedroht zu fühlen brauchst, weil du und sie bei ihm ganz verschiedene Bedürfnisse abdecken. Dass das Ganze vielleicht nur ein Ausdruck seiner Midlife-Crisis sei.

Was sollst du dem entgegenhalten? Dass du lieber Feuer speien als konversieren möchtest? Wie lächerlich, bei deinem Verstand! Nein, Tränen sind auch nicht angesagt. Schliesslich ist er nicht tot, sondern ein Drecksker. Also sagst du, du möchtest das Ganze überschlafen. Dann kannst du ihn, während er neben dir schläft, wenigstens in Gedanken zerstückeln. Und endlich das dritte Auge zuklappen.

Schlüssel-Erlebnis

Die Amerikaner haben ein neues Mittel zur Schwangerschaftsverhütung erfunden. Oder präziser: zur Mutterwunschverhütung. Jungen Frauen, die es nach Nachwuchs drängt, stellen Schulen und andere Institutionen für drei Tage eine säuglingsgrosse Vinyl-Puppe zur Verfügung, die es in sich hat. Dank eines eingebauten Elektroteils brüllt das Kunststoffbaby zu völlig unberechenbaren Tages- und Nachtzeiten los wie ein richtiges Kind, das Hunger hat, in nassen Windeln liegt oder einfach so laute Töne von sich geben will. Und es brüllt unüberhörbar.
Einzig der unverrückbar am Handgelenk der Probemutter angebrachte Schlüssel kann es zum Schweigen bringen. Allerdings muss der Schlüssel mindestens 40 Minuten stecken, bevor es Ruhe gibt. So lange, haben die Amerikaner errechnet, braucht eine echte Mutter durchschnittlich, um ein Kind zu füttern, trockenzulegen oder zu beruhigen.
Wird das Vinyl-Kind zu lange schreiend alleingelassen oder zu ruppig angefasst, leuchtet nicht nur am Armgelenk der Puppenmuttter ein Lämpchen auf. Es leuchtet auch beim Verleiher, und wenn das Lämpchen zu lange oder zu häufig aufscheint, droht der Versuchsmutter bei der Kindsrückgabe ein ernstes Gespräch. Die Nachfrage nach dem Elektronikbaby-Test soll sehr gross sein. Noch grösser, sagen die Verleiher, sei allerdings die Erleichterung der Testerinnen, wenn sie den Vinyl-Schreihals nach drei Tagen wieder zurückbringen dürfen.
Stellen Sie sich vor, es gäbe die Puppe auch in gross. Männlich und weiblich. Mit einem elektronischen Teil, der nicht kräht, sondern beispielsweise Tagesschau, Sportarena und Eishockeymatch sehen muss, bevor

der Schlüssel ermöglicht, die Puppe ins Bett zu legen. Oder versehen mit einem Tonband, auf dem eine weibliche Stimme immer wieder sagt: «Heinz, wir müssen über unsere Beziehung reden.» Und der Schlüssel würde nicht nach 40, sondern frühestens nach 180 Minuten wirken.

Stellen Sie sich weiter vor, die Puppe wäre bei rechtzeitiger Schlüsseleinführung auch in horizontaler Lage nicht ruhig, sondern würde nach einem desinteressierten elektronischen «Gutenacht» regelmässig zu atmen beginnen. Und jedes empörte Rütteln an ihrer breiten Vinyl-Schulter brächte die Lämpchen an Ihrem Handgelenk zum Glühen. Oder sie würde sich, elektronisch schluchzend, in Ihrem Bett hin und her werfen. Und kaum legen Sie ihr beruhigend die Hand auf den Oberschenkel, würde sie sich aufrichten und sagen: «Heinz, so kann es mit uns nicht weitergehen». Worauf Sie den Schlüssel auf die nächste Stufe drehen müssen, wenn Sie nach Ablauf von weiteren zwei Stunden Ihre Ruhe haben wollen.

Wenn es diese Puppen gäbe, wieviele Verliebte würden sich dann noch zusammentun? Vermutlich genauso viele wie heute. In solchen Dingen haben wir den Amerikanern noch nie getraut.

Nett, dass ich das auch erfahre

Es war ein gemütlicher Abend. Bis Rudi fröhlich in die Runde sagte: «Diesen Frühling verramsche ich den Toyota und kaufe mir endlich einen Alfa.» Wir begrüssten das alle lebhaft. Alle ausser seiner Gattin Astrid, die mit hochgezogenen Augenbrauen da sass und stumm ihren Mann fixierte, bis auch der letzte seinen Kommentar abgegeben hatte. Dann zündet sie den berühmtesten aller Ehekracher: «Das ist ja nett, dass ich das auch erfahre.» Rudi versuchte sofort zu entschärfen. «Du weisst doch, dass ich seit Jahren einen Alfa möchte.» «Du möchtest auch seit Jahren abnehmen und wirst immer fetter», sagte das liebende Eheweib. Den Fortgang solcher Abende kennen Sie. Das betreffende Paar wirft sich schweigend erbitterte Blicke zu. Die übrigen Gäste mimen Unbekümmertheit und versuchen, ein Gespräch in Gang zu bringen, bei dem das Reizwort Auto – beliebig ersetzbar – nicht vorkommt. Vergeblich. Die meisten dieser Abende enden mit verfrühtem Aufbruch und dem Schwur sämtlicher Ehezank-Zeugen, nie zu heiraten oder zumindest nie einen Toyota zu kaufen.
Manchmal enden sie auch anders. Wenn ein Fiesling mit am Tisch sitzt, den nichts so anregt wie ein schöner Zoff, wird aus dem Ehestreit eine kollektive Schlammschlacht. «Astrid», sagt der Fiesling, «Du hast aber seit dem letzten Mal mehr zugenommen als Rudi.» Worauf Astrids Freundin, Gattin des Fieslings, denselben anpflaumt: «Meinst Du eigentlich, es sei das Grösste, mit einem Klappergestell wie Dir verheiratet zu sein?» Der Fiesling legt unbeirrt nach: «Roger, sag meiner Frau doch bitte, was die neue Telefonistin, die Dir so gefällt, über meine Figur gesagt hat.» Worauf Roger energisch dementiert, was aber

nichts nutzt, weil es in den Augen seiner Frau bereits gefährlich funkelt. Der Fiesling sieht es mit Entzücken. Astrid vergisst kurzfristig ihren Alfa-Zorn und fragt Rudi, ob die Telefonistin nicht die sei, die nur wegen ihres grossen Busens die Stelle bekommen habe. Rudi behauptet, den Busenumfang der Telefonistin noch nie beachtet zu haben, was Astrid veranlasst, ihn einen elenden Heuchler zu nennen. Rogers Frau und die Gattin des Fieslings solidarisieren sich mit Astrid und werfen den anwesenden Männern sowie dem starken Geschlecht überhaupt vor, immer nur an das Eine zu denken und nicht einmal dazu zu stehen. Roger und Rudi widersprechen halbherzig, der Fiesling bekräftigt den Vorwurf begeistert.

Bevor Astrid zum nächsten Angriff ausholen kann, sieht Rudi auf die Uhr und will nach Hause. Astrid nickt, denn inzwischen ist ihr der Alfa Romeo wieder eingefallen. Das verspricht eine angeregte Heimfahrt.

Hemvé

Im Ausland entwickelt der Schweizer einen merkwürdigen Fimmel. Er legt alles darauf an, ja keinem anderen Schweizer zu begegnen. Während Franzosen oder Italiener in der Fremde geradezu aufeinanderzustürzen, um endlich wieder heimatlichen Idiomen lauschen zu können, zucken wir bei jedem unerwarteten «Grüezi» fern der Heimat peinlich berührt zusammen. Selbst ein Schweizergardist, dessen Vaterlandsliebe über alle Zweifel erhaben war, vertraute mir an, er könne die Schweizer Touristen im Vatikan nicht verputzen. Schutz vor Heimweh? Der Mann mit der Hellebarde lächelte kopfschüttelnd. Heimweh sei ungefähr das letzte seiner Probleme.
Dabei waren wir einmal berühmt für unsere verzehrende Heimatverbundenheit. Im Jahre 1688 legte der Elsässer Arzt Johannes Hofer eine Dissertation über das Heimweh von Schweizer Soldaten in französischem Sold vor. Er taufte das Phänomen «Nostalgie» und beschrieb es als schwere Krankheit, die vor allem junge Männer aus Bergregionen befiel. Als Symptome für die Nostalgie führte Hofer unter anderem Fieber, häufige Seufzer sowie «Unzugänglichkeit der Seele für andere Gedanken als die Heimat» an. Nach Aufzeichnungen des Elsässers starben viele Schweizer im Ausland an der Nostalgie.
Die heimwehkranken Schweizer beeindruckten nicht nur ihn. «Es ist erstaunlich», notierte fast hundert Jahre später der Philosoph Jean-Jacques Rousseau, «dass ein so rauhes Land, dessen Bewohner eher zum Weggehen neigen, eine so zärtliche Liebe auslöst. Die meisten kehren wieder zurück. Ebenso erstaunlich ist, dass die Sehnsucht bei denen, die nicht zurückkehren können, eine manchmal tödliche Krank-

heit auslöst, die sie, glaube ich, Hemvé nennen. Soweit ich weiss, sind unter Franzosen in der Fremde keine Fälle von Hemvé bekannt.»
Heutzutage treten auch unter Schweizern keine Fälle von letalem Hemvé mehr auf. Nostalgie bezeichnet nicht mehr die grenzenlose Sehnsucht der Schweizer nach ihrem schwer zu beackernden Alpenland, sondern einen diffusen, international verbreiteten Weltschmerz. Das ist sicher gut so, vor allem für die Gesundheit. Manchmal hätte ich zwar im Ausland gerne ein bisschen mehr Hemvé, aber das ist eine andere Geschichte. Ich wollte eigentlich nur fragen, wie Sie sich das mit der Schweizerfeindlichkeit der Schweizer ausserhalb der Schweiz erklären.

Herr G. und der weibliche Horizont

Es war ein Hundstag, obwohl die Sonne nicht schien. Die Nachbarin saugte schon um sieben Uhr morgens, der Vermieter kündigte telefonisch eine Zinserhöhung an, und im Briefkasten lag ein Brief von Herrn G. aus Wettingen, der sich beschwerte, meine Kolumnen seien sauertöpfisch. Sauertöpfisch! Immerhin ergänzte der unbekannte Leser, im Gegensatz zum Hausbesitzer, sein Verdikt durch einen netten Vorschlag. Statt galliger Kritik an den Männern empfahl er zu Ostern an dieser Stelle «ein Bild von Dir beim fröhlichen Eiersuchen».

Ich rief sofort den Chefredaktor an und bat um einen Fototermin und die nötigen Requisiten. Abgelehnt. Osternester für Mitarbeiter sind im Budget nicht vorgesehen. Ausserdem, setzte der Chef unnötigerweise hinzu, bezahle der Verlag Journalisten dafür, dass sie den Leser mit Worten zufriedenstellten, nicht mit heiteren Posen.

Nun wäre es meiner Meinung nach durchaus einer Überlegung wert, ob gewisse Artikel nicht mehr Anklang fänden, wenn mittendrin der Berichterstatter beim Eiersuchen, Nasenbohren oder Sockenwaschen abgebildet wäre. Aber haben Sie schon einmal versucht, einen Chefredaktor von einer neuen Idee zu überzeugen, für die er ein paar Franken lockermachen müsste? Es ist ein gänzlich aussichtsloses Unterfangen.

Kreiden Sie es also nicht mir an, lieber Herr G., wenn ich Ihnen hier nicht mit einem Schoggi-Ei im Arm entgegenstrahle. Ich würde noch ganz andere Sachen tun, um Sie von meinem sonnigen Gemüt zu überzeugen. Aber in Wahrheit fordern Sie ja viel mehr als eine glückliche Frohnatur. Wenige Zeilen später schreiben

Sie, dass man «von jungen Frauen höhere Horizonte erwarten dürfte».
Höhere Horizonte als Männer? Das kann doch nicht Ihr Ernst sein, Herr G.! Wo gibt es denn für Frauen Höheres, Herausforderndes? Soll ich Ihnen etwas über die unbestrittene, aber relative Relevanz der schweizerischen Europapolitik erzählen? Das ist kein höherer Horizont, Herr G., er ist nur weiter weg. Glauben Sie, dass Männer sich weniger die Haare raufen werden, wenn das Haushaltgeld in Ecu auf den Tisch kommt? Es wird immer zu wenig sein, weil die Frau zuviel für Firlefanz ausgibt.
Nein, Herr G., der Wurm sitzt nicht am Horizont. Der wäre schon recht. Der Wurm sitzt in der Warte. Sehen Sie, Sie sind zum Beispiel ein grosser Befürworter der Frauenemanzipation schreiben Sie. Rein theoretisch stimmen wir da völlig überein, und mit uns noch einige Millionen.
Aber in der Praxis haben Sie von vornherein den höheren Horizont. Denn während wir uns mehr oder weniger graziös beim Emanzipieren abhampeln, schauen Sie mit Ihrem weiten Blick wohlwollend zu und machen auf kleine Fehler, Übertreibungen und allfällige Verbissenheiten aufmerksam. Es ist, um in der österlichen Fauna zu bleiben, wie der Wettlauf zwischen Hase und Igel: Sie sind immer schon da. Obwohl Sie keinen Schritt getan haben. Aus der Hasenwarte gesehen, kann das manchmal irritieren. Trotzdem haben Sie natürlich recht mit Ihrer Forderung nach heiteren Hasen. Wir wollen ja auch glückliche Igel am Horizont.

Latin Lovers

Lisa ist fünfzig, schmalhüftig und hat in ihrem Leben nie etwas anderes als Jeans getragen. Da sie ihrem Gang nach auch dreissig Jahre jünger sein könnte, pfeifen viele römische Töffli-Fahrer erwartungsvoll, wenn sie von hinten auf sie zufahren. Auf gleicher Höhe angelangt, bremsen sie leicht ab und drehen sich mit jenem herausfordernden Lächeln, das alle Rom-Touristinnen kennen, nach ihr um. Dann passiert immer das gleiche: Kaum sehen sie Lisas fünfzigjähriges Gesicht, weicht das Lächeln einem Ausdruck leichter Entgeisterung. Manchmal auch leichter Empörung, als habe die Frau sie hereingelegt. Lisa sagt, das amüsiere sie eher als dass es sie irritiere. Schliesslich seien die Buben auf den Töfflis meist nicht einmal halb so alt wie sie. Und welcher junge Eroberer will schon dabei ertappt werden, einer nachgepfiffen zu haben, die seine Mutter sein könnte?
Neulich allerdings ist einer, nachdem er ihr ins Gesicht geschaut hat, vom Moped gestiegen, ihr nachgelaufen und hat sie gefragt, ob sie ihn zum Essen einladen würde. Da er weder arm noch hungrig, sondern proper und unternehmungslustig aussah, war Lisa erst perplex und dann geknickt. «Wenn ich aussehe, als sei ich schon bereit zu zahlen, nur damit einer mit mir Pizza isst, dann bin ich wirklich eine alte Scherbe,» sagte sie entmutigt. Ein italienischer Freund, der dabeisass, verwarf entgeistert die Hände. «Dem hast du gefallen, basta. Ich hätte an deiner Stelle sofort zugesagt.» Lisa winkte ab. «Ein Italiener, dem eine Frau gefällt, würde beim ersten Mal eher sein Halskettchen verpfänden als sich einladen lassen.» Der Freund lachte sehr ausgiebig. «Fünfzig und immer noch kreuzdumm! Der Junge verdient doch nicht einmal die Hälfte von dei-

nem Lohn, sonst würde er nicht Moped fahren. Warum muss er dich einladen?» Lisa war nicht zu beirren. «Wenn er wirklich von mir angetan war, dann hätte er das mit dem Bezahlen zumindest offenlassen können.» Der italienische Freund grinste: «Willst Du den guten alten Latin Lover wiederhaben? Mit Spendierhosen, feuchten Augen, Kerzenlicht und Liebesschwüren? Dann zieh Stöckelschuhe statt Jeans an und wippe über die Piazza. Aber beklag dich nicht, wenn dir nur alte Gockel nachkrähen.»
Die Lektion war beunruhigend. Denn sie warf wieder einmal Freuds verzweifelte und nie beantwortete Frage auf, was das Weib eigentlich will. Als der Latin Lover in einer zusehends ratloseren Männerwelt der letzte bedingungslose Huldiger alles Weiblichen war, ging er uns mit seinen unerschütterlichen Betörungsversuchen ziemlich auf den Geist. Wenn er mit samtener Stimme in der Bar «ciao bella» raunte, verdrehten wir die Augen, und wenn er am Strand liebeshungrig um unseren Liegestuhl strich, hielten wir demonstrativ ein Buch vor die Nase. Aber musste er sich deswegen gleich emanzipieren? Jetzt nervt er zwar nicht mehr, aber er schlägt auch kein Rad mehr, wenn er dich sieht. Er drückt nicht mehr bedeutungsvoll deine Hand, wenn er dir auf dem Markt das Retourgeld aushändigt, und selbst wenn du am Strassenrand allein ein Rad wechselst, regt sich in ihm kein Drang, neben dich in den Dreck zu knien. Stattdessen sollst du ihm die Pizza berappen, wenn du ihm gefällst. Eigentlich auch gut. Jedenfalls gut heimgezahlt, Ragazzi.

Der Nuttenlook

Ein gefeierter italienischer Modeschöpfer, lese ich, habe sich vor seiner jüngsten Kollektion gefragt: «Warum sollen Frauen immer aussehen wie verkleidete Männer?» Ich weiss nicht, ob besagter Designer besser zeichnen als denken kann, oder ob mir der Sinn seiner Worte einfach unzugänglich ist. Wie sehen verkleidete Männer aus? Ähnlich wie Frauen? Wie Waggisse? Oder meint er, dass Frauen nicht in Männerkleidern daherkommen sollen? Und wenn ja, wovon redet er? Wo sitzen die Millionen von Krawattenknöpfen unter zarten Damengurgeln? Wo beherrschen Frauen im grauen Anzug das Bild? Aber egal, ob es das Problem gibt oder nicht, die Modeschöpfer haben es gelöst. Und zwar ebenso einfach wie gründlich: Sie nehmen uns die Hosen weg. Ersatzlos. Das heisst, wir tragen stattdessen nicht Röcke, sondern stehen, von der Taille abwärts, im Freien. Und oben kugelt die Brust aus dem Mieder.

Das ist nicht übertrieben, sondern der neue Trend. Was bis jetzt Dessous genannt, weil verschämt darunter angezogen wurde, soll nun öffentlich zum Tragen kommen. Straps, Strumpfband, Slip, BH, Korsett und sonst gar nichts, empfehlen die Modemacher. Als Accessoires die blosse Anatomie: Busen, Bauchnabel, Hintern und Oberschenkel, satt. Oder faltig. Wogend oder hängend, silikonverstärkt oder von der Natur gesegnet, straff oder orangenhäutig. Hauptsache blank.

Ich finde das eine grossartige Idee. Nicht weil mir das Problem mit den verkleideten Männern geläufig gewesen wäre, sondern weil dadurch echte Probleme mit einem Schlag entfallen. Kein Ehemann kriegt mehr Zustände, wenn seine Frau vor dem Schrank steht und seufzt, sie habe nichts anzuziehen. Er geht ins Mercerielädeli um die Ecke, kauft ihr ein hübsches Paar Unterhosen, und die Kleiderfrage ist aus der Welt. Die Frauen ihrerseits müssen sich nie mehr anhören, dass sie Ewigkeiten brauchen, bis sie endlich parat sind. Korsett eingehakt, Busen ins Körbchen geschüttelt, Strümpfe angeschnallt, fertig. Dass der neue Trend, unter Fachleuten auch Nuttenlook genannt, für den Alltag ungeeignet sein könnte, weisen die Modeschöpfer energisch zurück: «Es ist nicht wahr, dass wir keine Karrierefrauen anziehen. Sie können im Büro einen wundervollen BH tragen. Alles, was sie tun müssen, ist eine Jacke drüberziehen.» Ich persönlich würde fürs Büro zusätzlich einen Schlüpfer empfehlen, weil man sich sonst das Stuhlmuster in den Hintern sitzt. Aber das muss jede selber entscheiden.

Eine beleidigende Verhurung der Frauen? Ach Schwestern, mit empörtem Anstand gewinnen wir keinen Blumentopf. Hätte Anita Hill vor dem US-Senat statt Jupe und Bluse nur ein ein Korsett getragen, dann wäre Clarence Thomas niemals Bundesrichter geworden. Ihr Ruf hätte etwas gelitten, seiner wäre dahin gewesen. Wenn man uns jetzt eine Saison lang auf die Strasse schicken will wie Irma La Douce, warum protestieren und nicht probieren? Wichtig wäre nur, dass wir alle zusammen ablegen. Die andere Hälfte des Himmels kollektiv in Reizwäsche, 24 Stunden am Tag. Einen Sommer lang Frauenfleisch, an jeder Ecke und in jeder Grösse einzusehen. Die Männer würden nach kurzer Zeit entsetzt das Weite suchen. Denn mit ihren Phantasien ist das ja nicht so gemeint, dass wir nun alle ständig, und auch noch freiwillig, und überhaupt. Nirgendwo ist der Voyeur frustrierter als im Nudistencamp. Kein Modeschneider würde uns in den nächsten zehn Jahren mehr vorschlagen, auch nur einen Ellbogen zu entblössen.

Von Männern,
die eigentlich ganz anders sind

Unbegleitete Frauen über dreissig kennen den Fall. Du sitzt an einem Fest oder in einer Beiz herum. Irgendwann kommst du mit einem netten Mann ins Plaudern und denkst nichts weiter, weil er so nett nun auch wieder nicht ist. Man redet ein wenig über den guten Wein, deine überteuerte Single-Wohnung und sein hypothekenbelastetes Reihenhäuschen, wo er natürlich nicht allein wohnt. In der Regel haben Männer in deinem Alter eine nette Familie und ein regelmässiges Einkommen. Oder eine problematische Ehe und ein regelmässiges Einkommen. Jedenfalls etwas Festes, fürs Herz und fürs Nachhausekommen. Dir ist das bei einem Mittelnetten durchaus recht, denn dadurch entfallen mögliche Unschlüssigkeiten bei Festende.
Und dann bricht es plötzlich aus ihm heraus: Er ist gar nicht so, wie man meinen könnte. Er ist eigentlich ganz anders, einer, der Routine im Grunde genommen überhaupt nicht aushält. Am liebsten würde er verreisen. Einfach weg, auf den ganzen Wohlstandsplunder verzichten und dafür morgens unter einem Baum aufwachen. Sein Bündeli schnüren und weiterziehen, verschtahsch?
Nein. Du wachst lieber im Bett als zwischen Wurzelstrünken auf, und ein festes Gehalt scheint dir äusserst erstrebenswert. Aber keine Widerrede, jetzt ist er in Fahrt. Früher, erzählt der in Fesseln gelegte Marlboro-Mann, war er ein ziemlich wilder Hund. Da ist er nachts um zwölf stante pede von der Beiz an den Billetschalter, und dann ab nach Paris mit dem Nachtzug. Einfach so. Oder mit der Kawasaki zum Sonnenaufgang nach Davos genagelt, stockhagelvoll. Jesses, hat er damals Sachen durchgegeben. Bis es ihm den

Ärmel hineingenommen hat. Superfrau. Aber dann wollte sie eben Kinder.

Du stellst ihn dir vor, wie er sein Bündeli aufs Pferd schnallt und mit Muskelkater dem Horizont entgegenreitet. Dann denkst du an die Ehefrau, unerlässliche Verhinderin des wahren Lebens, Schutzengel seiner Bubenträume. Und gähnst.

Ginggernillis

Zum erstenmal bin ich stutzig geworden, als ein Mann, in den ich sehr verliebt war, mich mit einem Witz zum Lachen bringen wollte. Nicht, dass der Witz nicht gut gewesen wäre. Er war sogar hervorragend. Was mich irritierte, war der Umstand, dass ich ihm den gleichen Witz am Abend zuvor erzählt hatte. Er war fast erstickt vor Lachen, was ich nicht zuletzt auf meine einmalige Vortragsweise zurückgeführt hatte. Als ich fragte, ob er sich nicht daran erinnern könne, war er erstaunt, aber keineswegs verlegen. «Das liegt daran», sagte er ernsthaft, «dass ich ein sehr selektives Gedächtnis habe». Selektiv! Der Mann war damals noch keine Fünfundzwanzig, unsere Liebe erst drei Wochen alt, und schon beim ersten Witz hatte sein Gehirn mich zugunsten der Pointe ausgeblendet. Natürlich wollte ich sofort wissen, nach welchen Kriterien er sein Gedächtnis bemühe. Aber dem war er noch nicht auf die Spur gekommen.
Im Laufe unseres Verhältnisses vergass er dann auch liebesmässig einschneidendere Dinge wie Nachhausekommen, was aber vielleicht andere Gründe hatte als sein wählerisches Erinnerungsvermögen. Kurzum: Die Beziehung war nicht von Dauer. Was blieb, war meine Aufmerksamkeit für selektive Gedächtnisse und die bohrende Frage: Was merkt sich ein Mann?
Praktisch nichts, sagt resigniert der überwiegende Teil der Frauen, die ich kenne. Er kann sich weder an das verkohlte Soufflé bei Aebersolds noch an sein Versprechen erinnern, dieses Jahr den Dreizehnten zusammen im Elsass zu verfressen. Er hat vergessen, dass Maxli Einlagen braucht und dass man nach dem letzten Krach abgemacht hat, dass er ab sofort fürs Fensterputzen zuständig ist. Von Hochzeitstagen, El-

ternabenden und dergleichen gar nicht zu reden. Wenn man aus den Erzählungen der Frauen auf den Gedächtniszustand der Männer schliessen könnte, dann wären wir schon deshalb längst am Ruder, weil sich Männer nicht einmal an die nächstliegenden Dinge erinnern.

Männer sehen das zwangsläufig anders. Sie und vergesslich? Ganz im Gegenteil! Aber im Unterschied zu uns nehmen sie eben nur das Wesentliche wahr und belasten ihren Kopf nicht mit Ginggernillis. Sagen sie. Da sie unbeirrt am Ruder sitzen, muss daran etwas richtig sein. Richtig ist beispielsweise, dass sie, im Gegensatz zum Fensterputzen, weder den Termin beim Chiropraktiker noch die Sportschau vergessen. Der springende Punkt ist folglich nicht das Erinnerungsvermögen, sondern der Ginggernillis, der die Gehirnwindungen verstopft und den Sinn für Essentielles beeinträchtigt. Was aber ist Ginggernillis, was wesentlich? Sind Maxlis orthopädische Probleme zu vergessen, weil vor ihm schon ganze Generationen mit Plattfüssen glücklich durchs Leben gewatschelt sind? Oder weil sich das Mami ohnehin darum kümmert? Kann man Fensterputzen aus dem Gedächtnis streichen, weil auch blinde Scheiben den Blick auf das Wesentliche nicht trüben? Oder weil Doris früher oder später dann doch zum Lappen greift? Andersherum gefragt: Ist Ginggernillis weitgehend ein Synonym für Weiberkram? Wenn ja: Wäre es unter dem selektiven Aspekt für Frauen wesentlich, sich das zu merken? Oder kräht hier schon wieder jemand Ginggernillis?

Das Sommerloch

Vor dem Haus, in dem ich wohne, ist ein Loch. Erst war es nur ein Pflasterstein, der in die Tiefe gefallen war. Am nächsten Tag waren es schon zwei oder drei, und gestern zählte ich über zwei Dutzend. Die Römer haben die neue Eröffnung sofort für das verwendet, wofür jeder öffentliche Grund genutzt wird, der für einen Parkplatz zu klein ist: Sie haben Abfall hineingeschmissen. Dadurch war das Loch verkehrstechnisch nicht entschärft, aber relativ gut getarnt. Danach warteten die Anwohner gespannt, wann der erste Vespa-Fahrer hineinrasen und durch die Luft segeln würde.
Mich fesselte das Loch aus anderen Gründen. Es gähnte immer dichter an meinem Haus. Dazu muss ich sagen, dass ich angeblich sehr historisch wohne, nämlich auf den Trümmern des Pompejischen Theaters, wo Cäsar gemeuchelt wurde. Als erster hat mir das der Hausbesitzer erklärt und damit die Wuchermiete gerechtfertigt. Als ich erwiderte, das älteste an der Wohnung sei der Wasserfleck an der Decke, sah er mich mit schmerzlichem Ausdruck an. Verschenkte Historie! Später entdeckte ich, dass auch der Metzger, der Malermeister und der Coiffeur auf dem Pompejischen Theater wohnen, obwohl sie ihre Läden in beträchtlicher Entfernung haben. Das Pompejische Theater muss sehr gross gewesen sein.
Bisher war es mir ziemlich einerlei, ob ich nun direkt in oder ein bisschen neben Cäsars Mordstätte wohne. Seit die Steine ins Nichts fallen, fürchte ich allerdings, dass Cäsar tatsächlich unweit meiner Kochnische erdolcht wurde, denn das Pompejische Theater war untenherum so hohl wie die Strasse vor meiner Tür. Was, wenn der ganze räudige Palazzo in die berühmten Kavernen absackte?

Ich meldete das bodenlose Loch erst bei der Staats-, dann bei der Heeres- und und zuletzt bei der Gemeindepolizei. Sie waren alle für wichtigeres als für Löcher zuständig. Der Carabiniere sagte, wenn in Rom jeder wegen eines historisch relevanten Lochs einen solchen Zirkus machen würde wie ich, wäre die Stadt in permanentem Aufruhr. Heute morgen versank das rechte Vorderrad eines Polizeiwagens im Loch, und vier Polizisten hühnerten unter den Augen der interessiert aus dem Fenster lehnenden Anwohner aufgeregt um das blockierte Gefährt herum. Es war ein ungewöhnlich befriedigender Tagesbeginn.

Die Fliege

Männer in der Identitätskrise. Männer mit Kastrationskomplexen. Männer auf der Suche nach ihren verschütteten Gefühlen. Wo man hinhört, raschelt das grosse Zittern des modernen Mannes durch den Blätterwald. Vielleicht raschelt es etwas zu laut. Vielleicht ist die Skepsis berufsbedingt. Aber ich kann sie nirgends ausmachen, all diese angeblich angeknacksten Eichen, diese aus dem morsch gewordenen Rahmen fallenden Mannsbilder. Was mir so begegnet, ist reichlich ungebrochen. Natürlich kenne ich, wie alle, einen verlassenen Ehemann, der sich nun schon seit einem Jahr die Faust gegen die Stirn hämmert und verzweifelt «mea culpa» ruft, kaum dass man ihn nach seinem Befinden fragt. Und auch zwei oder drei Vergelsterte, die von Psychogruppe zu Psychogruppe wandern.
Aber eine Handvoll Trauerweiden zeugen von gar nichts. Und der Rest der Männerwelt wirkt wohl- und obenauf wie eh und je. Besonders im Blätterwald. Sieht man von den Frauenzeitschriften ab, in denen vorwiegend Frauen über das andere Geschlecht nachdenken, wimmelt es zwar von Reports über den gebeutelten Mann. Aber kaum hat man umgeblättert, macht der alte Macho wieder Bocksprünge, dass einem fast die Tränen kommen.
Manchmal auch die Lachtränen. Die Herrenklos im Flughafen von Amsterdam, berichtete eine deutsche Illustrierte, seien für die städtischen Putzbrigaden bis vor kurzem ein Alptraum gewesen, weil die Männer, wenn sie so in Reih' und Glied dastanden, einfach nicht gerade halten konnten. Bis ein findiger Kopf direkt neben den Ablauf der Pinkel-Becken eine sehr echt aussehende Fliege ins Porzellan einbrennen

liess. Seither kreist der Strahl der Pissoir-Benutzer nicht mehr ungewiss in der Gegend, sondern trifft sauber auf das vermeintlich wegzuschwemmende Insekt.

Ist daraus zu schliessen, dass der Mann auch am stillen Örtchen ein Kindskopf bleibt? Nein, liebe Leserinnen, das ist typisch weiblich, also zu plump ausgedrückt. Der findige Kopf, der die Fliege einbrennen liess, war ein profunder Kenner des männlichen Universums und seiner Sprachregelungen «Männer brauchen immer ein Ziel vor Augen», erklärte er die nunmehr dank Fliege gesteigerte Trefferquote. «Das ist ein natürlicher Drang.»

Nun kann man nicht von vornherein ausschliessen, dass auch Frauen mit Genuss auf Klo-Fliegen biseln würden, obwohl ihre diesbezügliche Treffsicherheit der männlichen zweifellos unterlegen ist. Aber nachdem Frauen jahrhundertelang weniger ein Ziel vor Augen als vielmehr einen Putzlumpen in der Hand hatten, zielt ihr natürlicher Drang vor allem darauf ab, dass nichts danebengeht. Erst jetzt, im Lichte dieser kühnen Verbindung von Wasserlösen und unstillbarem männlichem Zielstreben, wird ihnen die Nichtigkeit solcher Reinlichkeit klar. Sie sind und bleiben ein zielloses Geschlecht. Sonst träfen sie nicht auch ohne Fliege ins Ziel.

Verschwenderinnen

Die Frau ist ein verschwenderisches Geschöpf. Wenn sie Geld in der Tasche hat, darf man sie nicht aus den Augen lassen. Sonst ist sie imstande und kauft sich mitten im Winter zehenfreie Stöckelschuhe, nur weil Ausverkauf ist. Oder ein Bolero zum Ballkleid, das sie nicht besitzt. Oder einen Zitronenbaum, der dann elend erfriert. Nicht, dass sie von übermässiger Eitelkeid oder Besitzgier getrieben wäre. Eher als um selbstsüchtiges Konsumverhalten handelt es sich hier um eine weibliche Wesenskrankheit. Sie kann einfach nicht anders. Wenn der halterlose Seidenstrumpf sie aus dem Schaufenster anlächelt, geht ihr rechnerischer Verstand in TILT. Wäre da nicht der Mann, der sie am Arm packt und weiterzieht – es würde gegen Ende Monat nicht einmal mehr für Hörnli mit Apfelmus reichen.
Dem weiblichen Geldverschleuderungstrieb, unerschöpfliches Thema für Witzblätter und Fernsehunterhalter, steht die männliche Fähigkeit zum besonnenen Abwägen gegenüber. Nie würde der Mann eine Videokamera kaufen, nur weil sie im Sonderangebot ist. Sorgsam prüft er Kataloge, vergleicht Preise und wird zum Experten für Motorzoom und Mindestlichtstärken, ehe er zum Kauf schreitet. Die kleinliche Frage der Frau, warum er so ein Ding brauche, wo doch schon die Fotoausrüstung im Schrank verstaubt, wischt er mit Recht vom Tisch. Hat er es sich reiflich überlegt oder nicht? Na also.
Als er sich die Werkbank im Keller einrichtete, hat sie anfangs auch nur hämische Bemerkungen gemacht. Und jetzt benutzt sie sie ständig, um Schuhe mit frischgeklebten Sohlen einzuspannen, defekte Parfümzerstäuber aufzusägen oder tiefgefrorene Bio-Lämmer

kleinzuhacken. Er selber gebraucht Schlangenbohrer, Heizklebepistole und Walzenfräse fast nie, aber das ist zweitrangig. Entscheidend ist, dass für alle potentiellen handwerklichen Einsätze das richtige Gerät vorhanden ist. Dieser vorsorgende Blick ins Leben ist ihr leider nicht gegeben.

«Häsch wider öppis zum Spile gchauft?» fragt sie kichernd, als er ihr den Gebrauch des neuen digitalen Multimeters erklären will. Etwas störrischer wird sie, wenn es um Autofragen geht. Sie will einfach nicht einsehen, dass ein anständiger Wagen unter zwanzigtausend Franken nicht zu haben ist. «Mein Japaner hat nur gut die Hälfte gekostet» sagt sie und stellt sich taub für alle Erklärungen über den Unterschied zwischen Erst- und Zweitwagen. Oder fragt, warum es ein zweiter Zweitwagen nicht auch täte, wenn Erstwagen so unerschwinglich sind. Ja Herrgott, soll er mit 40 PS im Geschäft vorfahren? Und wie kann er in einer Sardinenbüchse seines Lebens sicher sein? Das wäre nun wirklich am ganz falschen Ort gespart. Ausserdem ist das Leasing-Angebot für den GTI so günstig, dass er gleich zugesagt hat.

Sie holt zu einer scharfen Antwort aus, als er auf ihr blitzendes Ohrgehänge deutet: «Ist das neu?» Sie murmelt etwas von spottbilligem Restposten und verschwindet in der Küche. Er seufzt.

Sie wird sich nie ändern.

Eine gewöhnliche Ehe

Bei der Rückfahrt aus den Ferien im Süden machte ein junger Ehemann aus Como an der Autobahnraststätte Roma-Nord einen Zwischenhalt. Er kaufte sich einen Sandwich und etwas zu trinken, während Frau und Kind im Auto zurückblieben. Das Kind hing in einem Kindersitz auf der Beifahrerseite, die Mutter war zwischen Koffern, Schachteln und Reisetaschen auf dem Rücksitz eingezwängt. Beide hatten gedöst, als der Ehemann aus dem Auto gestiegen war. Nach einer Viertelstunde kehrte er gestärkt zurück, setzte sich hinters Steuer und fuhr ohne Halt die sechs Stunden bis vor seine Haustür in Como.
Erst als er das Gepäck ausladen wollte, fiel ihm auf, dass die Frau fehlte. Unterwegs vergessen. Tatsächlich war die Ehefrau in Rom aufgewacht, als die Autotür zuschlug, und hatte sich auf dem Parkplatz die Füsse vertreten. Als sie den Wagen davonbrausen sah, war sie mit fuchtelnden Armen hinterhergerannt. Dann hatte sie gewartet, bis er an der nächsten Autobahnausfahrt kehrtmachen und sie abholen würde. Aber der Ehemann hatte nichts vermisst. Bis Como.
Die italienischen Zeitungen berichteten mit spürbarer Entgeisterung von dem Vorfall. Zumal die Ehefrau keinerlei Empörung zeigte, sondern mit zärtlicher Nachsicht sagte, ihr Mann sei manchmal etwas zerstreut. «Wenn das Baby geweint hätte», sagte die Frau, «wäre es ihm wahrscheinlich eher aufgefallen, dass ich nicht da bin.» Aber das Baby hatte bis Como durchgeschlafen. Also hatte der Gute wahrhaft keinen Grund, sich nach der Gattin zwischen den Koffern umzuschauen. Sagte, wohlgemerkt, die Ehefrau. Der Mann gab zu seiner Vergesslichkeit keinen Kommentar ab.

Die Zeitungen auch nicht. Und das war bemerkenswert. Als Woody Allen der Unzucht mit seiner Adoptivtochter verdächtigt wurde, war niemand um Worte verlegen. Als Sarah Ferguson heimlich abgelichtet wurde, während ein Texaner ihr die herzögliche Fusssohle küsste, kippten die Pressestimmen vor Empörung. Oder vor Neid über den erotischen Einfallsreichtum eines dahergelaufenen Yankees, je nach Interpretation.

Aber zu dem zerstreuten Italiener und seiner vergessenen Ehefrau fiel niemandem etwas ein. Obwohl der Meldung viel Platz eingeräumt wurde, war höchstens zwischen den Zeilen ein diffuses Unbehagen auszumachen. Als habe sich hier etwas zugetragen, was zwar ein bisschen erschreckend, aber keinem verheirateten Menschen besonders unerklärlich ist. Als habe der ungewöhnliche Vorfall nur die ganz gewöhnliche Ehe auf den Punkt gebracht.

Gegenzeit

Wenn man meinem Vater glaubt, dessen Hang zur Übertreibung allerdings nicht verschwiegen werden soll, dann hat er ein halbes Leben damit zugebracht, auf meine Mutter zu warten. Und zwar nicht vor dem Jawort, was durchaus romantisch sein könnte, sondern danach. Lichthupend wartete er im Auto vor dem Haus, weil sie «nur noch ganz schnell» Tante Hedi im Spital anrufen musste; fingertrommelnd wartete er im Restaurant, weil sie am Eingang kehrtgemacht hatte, um kurz vor Ladenschluss noch Maizena für den Sonntagskuchen einzukaufen; frierend wartete er mit den Eintrittskarten vor dem Theater, weil meine Schwester eine halbe Stunde vor Beginn der «Iphigenie» geschwollene Mandeln bekommen hatte. «Was Dir fehlt», knurrte mein Vater regelmässig, wenn sie endlich ausser Atem auftauchte, «ist der Militärdienst. Dort hättest Du gelernt, auch die Imponderabilien einzuplanen.» Worauf meine Mutter ebenso regelmässig explodierte. «Wenn du dich um Tante Hedi, die Küchenvorräte und die Mandeln deiner Kinder kümmern würdest, wäre ich pünktlich wie eine Bahnhofs-Uhr.»
Der Vorwurf war berechtigt, die Schlussfolgerung etwas waghalsig. Denn meine Mutter kam auch ohne ersichtlichen Anlass stets ein bisschen zu spät. Fast immer, wenn sie schon im Mantel unter der Haustür stand, fiel ihr etwas ein, dessen Dringlichkeit allein sie erkannte. Als Kind hatte mich das sehr nervös gemacht. Aber kaum war ich gross genug, eigene Verabredungen zu treffen, scheiterte ich genauso an den Imponderabilien. Und sah keine Chance, sie in Griff zu bekommen. Denn, wie alle von der Unpünktlichkeit Geschlagenen wissen, sind die Gründe, die ihnen

ein rechtzeitiges Erscheinen verunmöglichen, höchst geheimnisvoller Natur.

Oder ist es vielleicht verständlich, dass jemand, bevor er zu einem seit Wochen herbeigesehnten Rendezvous aufbricht, vierzehnmal «It's now or never» hören muss, obwohl er genau weiss, dass er die Platte höchstens noch neunmal auflegen darf, wenn er pünktlich erscheinen will? Kann man der schwer vermissten Freundin, die endlich aus Tansania zurückgekehrt ist, begreiflich machen, dass man unbedingt noch die Teppichfransen kämmen musste, obwohl sie bereits in der Bar wartete? Man kann nicht. Also sind die Entschuldigungen hilflos platt: Unerwarteter Besuch des Hausvermieters, Verkehrsstau, Parkplatzsuche. In dem verzweifelten Versuch, unerklärbare Verspätungen plausibel zu machen, klammern sich die Unpünktlichen ausgerechnet an die unglaubhaftesten aller Ausreden. Und fühlen sich dabei sehr kläglich. Denn hierzulande sind die Rechtzeitigen nicht nur in der Mehrheit, sondern, wie das Wort sagt, immer auch im Recht.

Auf italienisch gibt es eine sehr respektvolle Bezeichnung für die rätselhaften Hemmschuhe der Unpünktlichen: «Contrattempo», Gegenzeit. Eine Gegenzeit ist alles, was sich der pünktlichen Einhaltung eines Termins entgegenstellt, von der kranken Tante bis zu den krausen Teppichfransen. Wer wegen einer Gegenzeit eine Viertelstunde zu spät kommt, muss sich weder schämen noch rechtfertigen. Schlimm genug, dass er die Zeit gegen sich hatte.

Blumen für die Dame?

Bei jedem Tête-à-tête, das in einem öffentlichen Lokal stattfindet, kommt früher oder später der unvermeidliche Moment, an dem ein freundlicher Mensch vorwiegend asiatischer Herkunft eine rote Rose zwischen die beiden Essenden oder Trinkenden hält. Dazu lächelt der Verkäufer den männlichen Teil des Paares – vor gleichgeschlechtlich besetzten Tischen macht er selten Halt – ermutigend an. Die Reaktion auf das ungerufene Angebot ist fast immer die gleiche. Die Frauen schütteln entweder hastig und mit abwehrender Miene den Kopf oder blicken verlegen zur Seite. Die Männer winken stumm und unfreundlich ab, als müssten sie eine lästige Fliege verscheuchen. Aber kaum ist der Blumenverkäufer ausser Hörweite, schnauben sie los: «Das ist Nötigung! Kann man denn nirgends mehr hingehen, wo man in Ruhe gelassen wird? Wenn ich Beizer wäre, hätten die alle Lokalverbot.» Nur ganz selten sieht man einen Mann spontan zugreifen und seiner Begleiterin eine oder mehrere Rosen zustrecken. Fast gar nie sieht man eine Frau, die für ihr Gegenüber eine Blume kauft.
Wenn statt Rosen originalafrikanische Holzmasken oder buntbemalte Papyrusblätter angeboten werden, was zumindest in grösseren Städten genau so häufig vorkommt, reagieren die Gäste in der Regel nur halb so verklemmt. Sie sagen höflich nein danke, sehen sich Masken und Zeichnungen belustigt an oder wechseln mit dem Verkäufer ein paar Worte. Aber bei der Rose setzt die Gelassenheit aus. Sie ist nun einmal kein Drittweltkitsch, sondern einer, mit dem wir grossgeworden sind. Langstielige rote Rosen sind wie in Baumrinde geritzte Herzen: Ein Ausbund an Einfallslosigkeit. Ausser sie sind für einen selber bestimmt.

Dann bedeuten sie Liebe – oder zumindest ein in die Richtung weisendes Kompliment – und lösen bei den Empfängerinnen sehr spezielle Gefühle aus, nicht anders als bei ihren Müttern und Grossmüttern. Denn Rosen werden nun einmal von Männern geschenkt. Das ist nicht einfach umkehrbar, weil wir jetzt emanzipiert sind. Und leider sind auch die mit roten Rosen verknüpften Gefühle unverändert geblieben, obwohl aus der Liebesgabe längst ein niederträchtiges Spekulationsobjekt geworden ist.

Denn es ist nichts anderes als niederträchtig, wenn man arglos – oder auch nicht – zu zweit an einem Tisch sitzt und einem plötzlich jemand so etwas wie ein erotisches Thermometer unter die Nase hält. Ich weiss nicht, wie es Männern dabei geht. Aber als Frau sitzt Du da wie eine Primarschülerin, die auf Bescheid wartet, ob sie nun befördert wird oder nicht. Und oft selber nicht weiss, ob sie lieber in eine neue Klasse will oder in der alten bleibt. Meistens kriegst Du keine Rose, sondern einen empörten Vortrag von Deinem Gegenüber und nickst zustimmend. Nötigung. Störung, Erpressung. Ist ja alles richtig. Aber er hätte vielleicht doch ...

Eine Rose ist eine Rose ist eine Rose. Warum legt den freundlich lächelnden Verkäufern keiner nahe, auf unverfänglichere Artikel umzusteigen? Sie würden staunen, wie freundlich die Schweizer zurücklächeln können, wenn ihnen ungefragt etwas angeboten wird.

Körperarbeit

Kaum ist der Mensch mit sich allein, gibt er sich äusserst archaischen körperlichen Befriedigungen hin. Er fahndet im Mund nach Essensresten, und wenn er zwischen zwei Stockzähnen ein Fäserchen Sellerie findet, hat er ein Erfolgserlebnis. Er bohrt mit den Fingern in den Ohren und studiert aufmerksam, was er zu Tage fördert. Vor dem Fernseher grübelt er selbstvergessen zwischen den Zehen und gibt mit Hochgenuss Geräusche von sich, die er in Gesellschaft verklemmen muss. Wenn es ihn beisst, dann kratzt er sich, wo und wie ausgiebig es ihm beliebt, ohne sich irgendeinen Zwang aufzuerlegen. Dass er dabei mitunter stark an den Affen erinnert, juckt ihn mit Fug keine Bohne. Schliesslich schaut ihm keiner zu. Nur wenn er im Zoologischen Garten vor dem Schimpansenkäfig steht, überkommt ihn eine leise Verlegenheit. Müssen die aller Welt vorführen, was er in seinen vier Wänden treibt?

Die beruhigende Gewissheit, dass nicht nur ich, sondern jeder sich selbst überlassene Mensch unbekümmert wie ein Schimpanse an und in sich herumfingert, verdanke ich dem Auto. Oder vielmehr dem Stau und den Lichtsignalen. Denn rätselhafterweise scheinen die meisten Autofahrer überzeugt zu sein, die Fensterscheiben ihres Wagens seien undurchsichtig. Zumindest benehmen sie sich, als seien sie allein auf der Strasse. Ist Ihnen schon einmal aufgefallen, wieviele Autofahrer instinktiv den Finger in die Nase stecken, kaum hat die Ampel auf Rot geschaltet? Kein flüchtiges Reiben an der Nasenflügeln, sondern ein tiefes, andächtiges Nasenbohren, wie es uns schon im Kindergarten eindringlich verboten wurde. Aus naheliegenden Gründen möchte ich nicht weiter ins Detail

gehen, obwohl ich höchst erstaunliche Bohrrituale registriert habe. Jedenfalls ist das, was man auf einer ganz gewöhnlichen Fahrt zur Arbeit rund um die Autofahrernase beobachten kann, in seiner animalischen Ungehemmtheit beachtlich.
Wer nicht bohrt, gähnt mit weitaufgerissenem Mund, putzt die Fingernägel oder hängt sich im Stau vor den Rückspiegel, um das Kinn nach Mitessern auszuspähen. Manche Frauen werden beim Stop and Go immer farbiger, weil sie nach und nach Wimperntusche, Lippenstift und Rouge auflegen. Viele Fahrerinnen machen am Steuer ausserdem Gesichtsgymnastik, was mit tierischen Verhaltensweisen eigentlich nichts zu tun hat, aber der Mimik gewisser Primaten trotzdem sehr nahe kommt. Vor allem im Sommer starren Autofahrer beiderlei Geschlechts in der Kolonne auch oft ausgiebig an sich herunter. Die Männer drücken an dem in Sitzhaltung hervollquellenden Bauch herum, die Frauen nesteln am Ausschnitt und blicken sich unverwandt ins Décolleté. Was die einen wie die andern damit bezwecken, bleibt dem Beobachter ein Rätsel.
Erstaunlicherweise fühlt sich kein Autofahrer ertappt, wenn er merkt, dass man Zeuge seiner intimen Körperarbeit geworden ist. Er sieht einen so ausdruckslos an, als sei er überzeugt, eine Tarnkappe aufzuhaben. Erst wenn er aus dem Auto steigt, gehört er wieder dem Pulk der dressierten Affen an.

Frauen und Logik

Irgendetwas an der Geschichte von Kolumbus und dem Ei hat mich immer irritiert. Aber ich wusste nicht genau was. Bis mir ein Freund von einem wissenschaftlichen Experiment erzählte, bei dem die menschliche Reaktion auf Alarmsituationen getestet werden sollte. Dafür wurden die Testpersonen, nach Geschlechtern getrennt, in einen Raum gebracht, dessen Tür von innen verriegelt war. Der Schlüssel steckte im Schloss. Dann wurde mit Rauchpatronen und heulenden Feuermeldern ein Brandausbruch simuliert. Sämtliche Testpersonen stürzten zur Tür und versuchten, das Schloss zu entriegeln. Die Männer drehten den Schlüssel nach links – nichts. Dann nochmals und nochmals, immer hektischer und gewaltsamer, bis er abbrach. Die Frauen drehten den Schlüssel ebenfalls einmal nach links. Als sich nichts bewegte, drehten sie ihn, wider jede Schliess-Logik, nach rechts, und die Tür ging auf. «Merke», sagte mein Freund, «der Mann verbrennt sich lieber den Bürzel, als die Logik der Dinge anzuzweifeln.» Da ging mir auf, was am Ei des Kolumbus faul scheint: dass es von Männerhand zerdeppert wurde. Roher Pragmatismus ist Frauensache.

Mein Leben lang habe ich Männer sich mit Grausen abwenden sehen, wenn Frauen Dinge anfassten, deren Handhabung einer gewissen rationalen Vorbereitung bedarf. Zum Beispiel die Verwendung des kommunen Kartoffelschälers. Ermuntert, an der Vorbereitung des Kartoffelstocks teilzunehmen, zieht sich der Mann erst einmal mit Schäler und Kartoffel an den Küchentisch zurück, um den Schälmechanismus zu studieren. Dann tritt er neben die am Schüttstein werkende Frau und sieht ihr beim Schälen zu. «Du arbeitest völlig uneffizient», sagt der Mann. «Wenn du die Kartoffel langsamer drehen und dafür mit dem Schäler ihrer Form folgen würdest, müsstest du nur halb so oft ansetzen.» Die Frau zieht hörbar die Luft ein. «Ausserdem», sagt der Mann, «ist es lebensgefährlich, zum Arm hin zu schälen. Früher oder später schneidest du dir die Pulsadern auf.» Die Frau jagt ihn aus der Küche.

Auch bei komplexeren Anforderungen, wie etwa dem Montieren von Schneeketten, ist die Frau unwillens oder unfähig, von logischem Denken Gebrauch zu machen. Seit einer Viertelstunde kauert der Mann mit eisigen Fingern zwischen aufgebocktem Vorderrad und Gebrauchsanweisung im Schnee und eruiert den folgerichtigen Montageablauf, als sie aussteigt und sich der Schneekette bemächtigt. «Ganz einfach», sagt sie, «so kommt sie übers Rad und dann wird das Ding hier eingehängt.» Der Mann schaut sie nachsichtig an und nimmt ihr die Kette aus der Hand. «Das Ding kann hier nicht eingehängt werden, sonst hat es keinen Zug.» Die Frau, bar jeder Kompetenz: «Es gibt aber sonst nichts zum Einhängen.» Als käme es darauf an! Nach einer weiteren Viertelstunde bringt der Mann, entgegen der unrealisierbaren Gebrauchsanweisung, die Schneeketten so an, wie die Frau gesagt hat. Dann steigt er entnervt und zähneklappernd ins Auto. «Hast du gesehen,» sagt die Frau befriedigt aus der Dunkelheit ihrer Unkenntnis. Der Mann schweigt. Gegen den Hochmut der Ignoranten gibt es keine Argumente.

Ein ganz normaler Verlierer

Bis vor kurzem war Vincenzo Grandis' Welt weitgehend in Ordnung. Natürlich verdiente er zu wenig Geld und bezahlte zu viele Steuern, aber dieses Los teilte der Arbeiter aus Pescara mit sämtlichen anderen Arbeitern Italiens. Ausserdem hatte er eine Frau, die nichts von Fussball verstand und trotzdem Toto spielte. Auch das war nichts besonders Bemerkenswertes und vor allem nichts Tragisches, denn glücklicherweise war Vincenzo, wie alle Italiener, Fussballexperte. Also besserte er die von seiner Frau nach willkürlichem Gutdünken hingekritzelten Tototips jeweils heimlich aus, bevor er die Zettel abgab, was jahrelang weder bemerkt wurde noch zu irgendwelchen Gewinnen führte.

Am vorletzten Sonntag gewannen die drei Totospieler, die dreizehn Richtige getippt hatten, den in Italien bisher noch nie erreichten Betrag von umgerechnet fünf Millionen Franken pro Kopf. Vincenzo Grandis sass vor dem Fernseher, als die Resultate bekanntgegeben wurden, und plötzlich begann sich alles in seinem Kopf zu drehen. Parma hatte Juventus geschlagen und Udine zu Hause vier Tore kassiert – gegen alle Prognosen. Ausser denen seiner Frau, die er fachmännisch korrigiert hatte. Hätte er das nicht getan, wäre seine Frau jetzt fünffache Millionärin.

Nun gibt es Dutzende von Geschichten über Fast-Totomillionäre, die aus den verschiedensten Gründen am grossen Geld vorbeigeschlittert sind. Interessant ist die Fortsetzung der Geschichte. Statt in stiller Verzweiflung einen doppelten Grappa zu kippen, gestand Vincenzo Grandis seiner Frau die unselige Korrektur. Wie sie darauf im einzelnen reagierte, wissen wir nicht. Möglicherweise fielen ihr auf einen Schlag sämtliche

Besserwissereien ihres Mannes ein, die sie dreissig Ehejahre lang geschluckt hatte, möglicherweise etwas ganz anderes. Fest steht, dass sie ihren Gatten noch am selben Abend aus dem Haus jagte.

Zwei Tage später kündigte die italienische Tagesschau in ihrer abendlichen Hauptausgabe zwischen Geheimdienst-Skandal und Blutplasma-Report ein aussergewöhnliches Interview an. Dann erschien Vincenzo Grandis auf dem Bildschirm: Ein freundlicher Mittfünfziger, der eher belustigt als bestürzt von seinen Fährnissen berichtete. Nein, korrigieren werde er seine Frau wohl diesbezüglich nicht mehr. Ja, er wohne seither nicht mehr zu Hause, aber das werde sich schon wieder geben, wenn sich die Frau beruhigt habe. Natürlich hätten sie das Geld gut gebrauchen können, aber so sei das Leben eben.

Ein italienisches Sprichwort sagt, wer vom Huhn abstamme, kratze nun einmal in der Erde. Vincenzo Grandis war eine beeindruckende Verkörperung dieses nüchternen Realismus, den wir fälschlicherweise eher für schweizerisch als für italienisch halten. Grandis war überzeugt, dass sie auch dann nicht Millionäre geworden wären, wenn seine Frau den Zettel eigenhändig und unkorrigiert abgegeben hätte. Das sagt er zwar nicht so, weil er ja wieder nach Hause wollte, aber es war aus jedem seiner Worte herauszuhören. Wer vom Huhn abstammt, macht so oder so keine Höhenflüge.

Es war der lehrreichste Beitrag jener Tagesschau. Bei uns wäre er vermutlich nie gesendet worden. Zu niedriger Informationswert. Der Mann hatte sich ja nicht einmal die Haare gerauft.

Cherchez la femme

Manchmal benehmen sich Männer kurios. Sie rasieren nach Jahrzehnten plötzlich den Schnauz ab, interessieren sich brennend für Esoterik und lassen beim Lächeln neue Jacketkronen blitzen. Sie geben ihrer Putzfrau bezahlten Urlaub und kochen nach südindischen Kochbüchern. Dann zwinkert die Umwelt verständnisvoll und raunt: «Cherchez la femme.»
Manchmal benehmen sich Frauen kurios. Sie schneiden nach Jahrzehnten plötzlich die langen Haare kurz, lassen sich für teures Geld die Fusszonen massieren und deuten auf die Frage, ob heute nicht zu Abend gegessen werde, mit dem Kinn stumm Richtung Kühlschrank. Dann zwinkert der Mann selten verständnisvoll, und er raunt auch nichts Französisches. Aber er brummt auf Deutsch sehr Ähnliches: «Welche Geiss hat dir diesen Unfug ins Hirn gesetzt?»
Erstaunliche Gedankengänge. Niemand traut einem Mann zu, dass er sich ganz allein für sich verändern könnte, weil er sich möglicherweise nicht mehr behagte. Nein, für einen Kick ins Männerdasein braucht es nach landläufiger Überzeugung den Stöckelschuh. Handkehrum verdächtigt kaum jemand eine Frau amouröser Anwandlungen, wenn sie plötzlich aus dem Rahmen fällt. Aber deswegen glaubt ihr noch lange keiner, dass sie allein zu neuen Überzeugungen gekommen sein könnte. Wenn Frauen sich mausern, davon sind zumindest ihre Männer felsenfest überzeugt, dann steht dahinter immer eine andere Frau. Und nicht auf Stöckelschuhen, sondern mit einer Giftspritze in der Hand.
Diese Überzeugung führt zu Konflikten, die, wenn man nicht selber drinsteckt, an Komik schwer zu überbieten sind. Bruno, ein an sich gutartiger Mensch, sass

monatelang jeden Abend, wenn seine Frau mit Freundinnen ausging, spätabends noch kerzengerade im Bett und wartete wie ein Racheengel auf ihre Rückkehr. «Was habt ihr gemacht?» «Geredet.» «Über Männer?» «Natürlich.» «Hast du auch über mich geredet?» «Klar.» «Mit deiner Schulfreundin, dieser ausgetrockneten Schreckschraube?» «Was hast du gegen Barbara?»
An diesem Punkt wurde Brunos Stimme regelmässig etwas schrill. Was er sagte, kennen Sie aus Erfahrung. Emanze, hässlich, eifersüchtig, nur befriedigt, wenn sie andere aufhetzen kann. Fast alle Frauen mit eigenem Kopf haben in ihrer Geschichte eine Barbara, die ihr Mann am liebsten aufgespiesst hätte, weil sie doch die Wurzel allen Eheübels war. Meist ziehen die Barbaras irgendwann in eine andere Stadt, haben keine Zeit mehr für Frauenabende, oder man verliert sich einfach so aus den Augen. Aber Ersatz findet sich immer, muss gefunden werden. Hauptsache, die krausen Ideen der Frau sind ferngesteuert. Hauptsache, der Feind kommt von aussen und sitzt nicht am gleichen Küchentisch. In solchen Dingen sind Männer und Mütter von rührender Ähnlichkeit. Wenn die Frau und das Kind nicht gut tun, sind immer andere schuld. Sie sind lediglich in schlechte Gesellschaft geraten. Könnte man sie unter die Fittiche zurückpfeifen, kämen sie schnell wieder zu Verstand und alles wäre wie früher.

Lügen

«Lügen», sagte der alte Virgilio und betrachtete meinen aus den Fugen gegangenen Stuhl, «Lügen sind ein Segen Gottes.» Ich hatte ihm von dem Schreiner erzählt, der mir den Stuhl nach zwei Monaten unrepariert zurückgegeben hatte, weil sein Geselle krank sei. Der angeblich kranke Geselle hatte aber jeden Morgen in der Bar neben mir seinen Cappuccino getrunken. «Er hätte doch einfach sagen können, dass er keine Zeit hat, den Stuhl zu flicken. Warum lügen?» «Niemand lügt», sagte Virgilio bedächtig. «Die Lügen liegen in der Luft, und manchmal fliegen sie einem eben zu.» Das war vor etwa zehn Jahren, und meine Ahnung von fliegenden Lügen war gleich null. Ich war nur gerade lange genug in Italien, um zu merken, dass man mir auf Schritt und Tritt den Azzurro vom Himmel herunterflunkerte.
Es waren nicht die kalkulierten Unwahrheiten der Politiker, die ängstlichen Lügen der Untreuen oder die Hochstapeleien der Wichtigtuer, die mich verwirrten. Die sind bei uns genauso geläufig. Was mich konfus machte, waren die scheinbar zwecklosen Lügen. «Diesen Schirm hat mir meine Nonna aus Lecce mitgebracht, weil sie dachte, in Rom regne es immerzu», sagte zum Beispiel Piero. Zufälligerweise war ich dabei gewesen, als seine Frau den Schirm im Supermarkt gekauft hatte. «Wirklich?», fragt Piero erstaunt. Kein Funke von Verlegenheit. «Ich stelle mir lieber vor, der Schirm sei aus Lecce. Das ist eine viel nettere Geschichte.» Aber sie war erfunden. «Sie ist faktisch nicht zutreffend,» korrigierte Piero. «Das nimmt ihr nichts von ihrem Wahrheitsgehalt.»
Jahrelang habe ich an diesem sublimen Umgang mit der Wahrheit gekaut. Es ging ja nicht nur um Schirme.

Die konnten von mir aus kommen, woher sie wollten. Es ging um die tausend kleinen Geschichten des Alltags, von denen sich neunhundertneunundneunzig bei näherem Hinsehen als Windeier entpuppten. Und was immer ich den Lügnern entgegenhielt, die Antwort war immer die gleiche: «Faktisch hast du recht, aber in Wahrheit...» Und niemals fühlte sich jemand ertappt. Statt rot zu werden, hatten sie Mitleid mit mir. «Du mit deinem calvinistischen Fakten-Tick! Wenn die Wahrheit aus Fakten bestünde, wäre das Leben ein Jammertal. Wahr sind Gefühle, nicht kleinliche Fakten.»
Ganz allmählich, eigentlich fiel es mir gar nicht auf, tat die südliche Luft auch bei mir ihre Wirkung. Immer häufiger flogen die Lügen auf meine ehrliche Haut zu und wollten meinen untrüglichen Wahrheitssinn zerzausen. Sie gaukelten mir vor, in der endlosen Schlange am Bankschalter stünden nicht acht, sondern mindestens achtzig Menschen. Sie flüsterten mir zu, ich sei nicht zu spät, weil ich mich verschlafen hatte, sondern weil ich bei der Witwe im oberen Stock einen Schwelbrand löschen musste. Sie behaupteten, ich hätte mein Portemonnaie nicht verlegt, sondern sei von zwei wunderschönen Transvestiten hinter dem Kolosseum ausgeplündert worden. Ich habe ihnen stets mit nordischer Faktentreue widerstanden. Das ist die Wahrheit. Auch wenn meine Mutter jetzt einmal mehr seufzen wird: «Meitli, musst du denn immer so übertreiben?»

Das Schweigen der Clowns

Sie waren verschiedener Meinung gewesen, aber wirklich gestritten hatten sie nicht. Fertig geredet auch nicht, ihrer Ansicht nach. Irgendwann – sein Blick auf die in Reichweite liegende Zeitung war zunehmend sehnsüchtiger geworden – beging sie den Fehler, auf die Toilette zu gehen. Als sie zurückkam, war er in die Zeitung vertieft. «Wieso also nicht am Sonntag putzen?» fragte sie, den nicht ganz erfreulichen Dialog wieder aufnehmend. «He?» fragte es tief aus der Zeitung. Sie wiederholte. «Mmh», sagte die Zeitung. Es war keiner mehr da, der sich weiter mit ihr unterhalten hätte.

Nach zwei Stunden Schweigen, die er lesend, sie mit demonstrativem Aufräumen verbracht hatte, packten sie ihre Sachen, riegelten das Wochenendhäuschen ab und stapften schweigend zum Bahnhof, wo sie wortlos auf den Zug nach Zürich warteten. Mittlerweile dampfte sie vor Zorn. Kaum hatten sie ihre Plätze im Abteil besetzt, kramte er ein Buch über die politische Veränderung Mitteleuropas aus dem Rucksack. Sie funkelte ihn unverwandt an und rätselte, wie es jemand fertigbringt, unter einem solchen Furienblick auch nur eine Zeile zu lesen. Er konnte. Als sie ihn schliesslich kurz vor Zürich anzischte, weil sie vor Wut keine Töne mehr hatte, liess er das Buch endlich sinken, blickte sie ausdruckslos an und sagte, mit dem Kinn auf die Veränderung Mitteleuropas deutend: «Es gibt wohl auch noch anderes als Beziehungen.»

Sie wusste keine Antwort. Es gibt keine Antwort. Es gibt nur Frauen, die in solchen Augenblicken das verdammte Buch packen und schreiend darauf herumtrampeln, während andere leise zu weinen beginnen oder starr werden vor Fassungslosigkeit. Erfahrungs-

gemäss vermag keine der drei Varianten dem Mann ein wie auch immer teilnehmendes Wort zu entlocken, sofern er zur hier beschriebenen Kaste der Verstummer gehört. Die Kaste ist leider sehr gross. Und sie verstummt nicht nur bei Zwistigkeit, sondern auch einfach so, beim Kochen, beim Abendessen. Eben noch warst du da, und auf einmal bist du Luft. Nicht der Rede wert. Vermutlich haben Männer nicht die geringste Ahnung, in welche Verzweiflungslöcher sie Frauen stossen können, indem sie ganz einfach nichts sagen. Es ist andrerseits nicht leicht zu erklären, warum Frauen ganz wild sind auf Männersätze wie: «Heute war mein Chef beim Coiffeur. Jetzt sieht er aus wie ein Mostkopf.» Tatsache jedoch ist, dass fast alle erzählerischen Mitbringsel vom Alltag, die der Mann abends oder am Wochenende ausbreitet, die Frau vergnügt machen, auch wenn sie völlig belanglos sind. Was der Mann sein Leben lang nicht verstehen wird. Er ist heilfroh, wenn sie ihm die Eheprobleme ihrer Bürokollegin vorenthält.
Vielleicht kommt man der Sache andersherum näher. Warum ist der häusliche Verstummer in Gesellschaft oft ein äusserst fideler Unterhalter? Weil er in Wahrheit gar nicht wortkarg ist, sondern durchaus Lust am Fabulieren hat. Denkt die Frau. Oder zumindest bemüht er sich vor anderen erfolgreich, kein Langweiler zu sein. Warum nicht zu Hause? Weil er müde ist, sagt er. Weil kein Publikum da ist, sondern nur sie, vermutet die Frau. Der Gedanke macht sie rasend. Er versteht sie nicht. Er ist doch viel lieber mit ihr als mit andern Leuten zusammen, wo er immer geistreich sein muss, was ihn zwar manchmal amüsiert, aber auch ziemlich anstrengt. Bei ihr muss er nicht den Clown spielen.
Ein Jahrtausendmissverständnis.

Non fare lo Svizzero!

Gestern hätte ich wieder einmal einen Römer erwürgen wollen. Einen, der weiss, wie er mich mit zwei Sätzen zur Weissglut bringt und sich schieflacht, weil ich auch nach Jahren noch darauf hereinfalle. Er stellte mich jemandem vor und setzte hinzu: «Leider ist sie Schweizerin, aber sonst ist sie nett.» Der, dem ich vorgestellt wurde, antwortete arglos: «Schweizerin? Ich hätte eher auf Spanien oder Mittelamerika getippt.» Das war anerkennend gemeint. Trotzdem hätte ich auch ihn gerne vors Schienbein getreten. Was ist denn das für ein Kompliment, dass man einem seine Nationalität nicht ansieht? Was für ein gedankenloser Trost, dass man auch als Panamerin durchgehen könnte! Mein Freund und Schinder betrachtete genüsslich mein grimmiges Gesicht. «Eh, adesso non fare lo Svizzero!»
Non fare lo Svizzero. Spiel nicht den Schweizer. Der Spruch macht mich krank, seit ich in Rom bin. Er scheint mir vernichtender als alle anderen völkerdiskriminierenden Ausdrücke, die wir gedankenlos benutzen: die jüdische Hast, das französische Bezahlen, die Negermusik oder die Scheidung auf italienisch. «Non fare lo Svizzero» bedeutet: Sei kein Tüpflischisser, kein Geizkragen, kein Miesmacher. Die Italiener werfen sich den Satz zehnmal am Tag an den Kopf, so unbefangen wie wir sagen: «Chumm, mach kei Büro.» Und keiner fühlt sich beleidigt. Ausser den zufällig anwesenden Schweizern. Nein, beleidigt ist das falsche Wort. Beleidigt ist man vielleicht, wenn die Amerikaner Sweden mit Switzerland verwechseln und fragen, warum man nicht blond sei. Oder wenn das Klischee vom Käse und der Schokolade bemüht wird. Aber Ignoranz setzt einem nicht sehr zu. Die ewigen

Spöttereien über die Kehlkopfkrankheit Schweizerdeutsch sind ebenfalls geschenkt. Wer redet denn da? Römer Dialekt erinnert auch öfter an Gebell als an Belcanto.

Aber immer wieder zu hören, dass dein Land woanders als Synonym für Kleingeist und Engherzigkeit in die Umgangssprache eingegangen ist, das tut einfach saumässig weh. Es ist ja nicht so, dass sich das Schweizersein verflüchtigt, wenn man nur lange genug im Ausland lebt. Du kannst Dir einen andersfarbigen Pass anheiraten und in einer anderen Sprache zu träumen anfangen, aber dein Land hast du in dir wie den Geruch deines ersten Klassenzimmers. Ob du es riechen konntest oder nicht. Mein Land ist engherzig und kleingeistig, fremdenfeindlich und sauber. Daneben ist es neugierig und engagiert, grosszügig und voller schräger Nischen. Seit Kopp und GSoA, Fichen, Frauenstreik und mediterrane Inflationsraten das Nest von rechts und links, oben und unten beschmutzt haben, kommt es mir bei jedem Heimkommen wohnlicher vor. Von wegen «fare lo Svizzero»! Fahrt hin, statt blöd über uns herzuziehen.

Gestern abend, als ich meinen Zorn nach Hause trug, lag der «Tages-Anzeiger» von vor drei Wochen im Briefkasten. Auf der Lokalseite Zürich stand, unter dem wunderbaren Titel «Platz für aufrecht sitzende Bürger», dass den Holzbänken um den Hauptbahnhof jetzt Armlehnen aufgeschraubt werden, damit sich die Obdachlosen nicht mehr hinlegen können. Zum Siebenhundertsten Geburtstag haben wir als neue Armbrust die Armlehne gegen Obdachlose erfunden. Manchmal bin ich auch sehr froh, wenn mich jemand für eine Panamerin hält.

Himmlische Ru-huh

Jahr für Jahr um diese Zeit, wenn es in den Schaufenstern wieder sehr weihnachtet, heben sich allenthalben Zeigefinger und verweisen auf jene hehre Vergangenheit, als das Fest der Liebe noch Anlass zur Besinnung und nicht zum Kaufrausch war. Welch eine schlichte und doch erhabene Feierlichkeit herrschte damals am Heiligen Abend, wenn wir rings um den Baum Weihnachtslieder sangen und uns die handgemachten Geschenke die teuersten waren. So leiern sie daher und schämen sich des Lügens nicht einmal in der Adventszeit.
Denn so war es nie. Und wenn der Schmock jedes Jahr wieder verbreitet wird, macht ihn das trotzdem nicht wahrer. Warum erinnert sich keiner, dass Weihnachten schon vor dreissig Jahren ein Fest war, zu dem man mit hängender Zunge angehetzt kam? Und vermutlich vor vierzig genauso. Wie alt muss einer sein, um sich an bessere Weihnachtszeiten erinnern zu können? Für jeden ehrlichen Menschen war es eine Erlösung, als der Zwang zur selbstgebastelten Gabe endlich aufgehoben wurde. Natürlich ist es erfreulich, von einem begabten Bekannten einen handbemalten Nachttopf oder selbstgelötete Kerzenhalter zu bekommen. Aber für Menschen, vor allem für Kinder, mit zwei linken Handarbeitshänden war der Imperativ «selbstgemacht gleich von Herzen» nichts als eine gemeine Quälerei.
Über Jahre hinweg habe ich am Nachmittag vor dem Heiligen Abend mit verschwitzten Fingern Topflappen oder grässliche Kleiderbügelüberzüge für Gotte Tildy abgekettet und vernäht. Meine Schwester kaufte unterdessen beim Bäcker Rottahler die letzten Weihnachtsguetzli auf, weil berufstätige Mütter schon damals keine Zeit zum Backen hatten. Auf dem Balkon

sägte mein Vater fluchend mit dem Fuchsschwanz am Tannenbaum herum, der wieder einmal zu hoch für die Stube war. Aber er fluchte nicht wegen dem Tannenbaum, sondern weil er noch Geschenke besorgen musste, was er hasste wie die Pest und deswegen auf die letztmögliche Gelegenheit hinausschob.

Wer je am 24.Dezember eine Stunde vor Ladenschluss einkaufen ging, weiss erstens, dass mein Vater keine Ausnahme war, und zweitens, in welch feierlicher Laune er jeweils aus dem Getümmel zurückkehrte. Meine Mutter kam gegen fünf vom Büro, das Velo mit Esswaren vollgepackt, und hastete in die Küche, um den Weihnachtsbraten zu spicken. In irgendeiner der Nachbarwohnungen tobte ein saftiger Krach, alle Jahre wieder. Da nicht nur der Kleiderbügelschoner nicht fertiggestrickt, sondern auch das Weihnachtsständchen noch nicht geübt war, versuchte ich, mit der Geige gegen den Krach nebenan anzufiedeln, worauf meine Schwester mit zugehaltenen Ohren aus dem Zimmer floh.

Derart festlich gestimmt, versammelten wir uns wenig später um den hastig geschmückten Weihnachtsbaum und sangen. Gottseidank sind wir eine stimmlich eher wacklige Familie und brachen spätestens bei «himmlischer Ru-huh» in profanes Gelächter aus, was dem Haussegen sehr zugute kam. Denn danach konnten wir wenigstens aufhören, uns vorzumachen, irgendeiner von uns sei besonders besinnlichen Mutes. Wir waren erschöpft und sonst nichts. Wie alle am Heiligen Abend, seit Jahrzehnten. Fröhliche Feste der Liebe haben noch nie nach Kalender stattgefunden.

Drückeberger

Haben Sie die Feiertage gut überstanden? Keine Scheidungsprojekte am Heiligen Abend? Kein Verwandtenkoller nach dem Stephanstag? Keine gähnend öde Sylvesternacht? Nicht einmal einen übersäuerten Magen, sagen Sie? Dann gehen Sie mir aus den Augen! Wenn Sie an Körper und Seele heil sind, kann das nur heissen, dass Sie geflohen sind. Statt erschöpft unter dem Tannenbaum haben Sie vermutlich irgendwo halbnackt unter Palmen gelegen und sind jetzt braun und erholt. Vermutlich preisen Sie Ihre Flucht auch noch als kluge Entscheidung.
Flucht, jawohl! Denn für mich sind Sie nichts als ein emotionaler Drückeberger. Einer, der wegläuft, wenn wahre Gefühle zum Ausbruch drängen. Was sind die Tage zwischen Heiligabend und Dreikönig, wenn nicht Anlass für seelische Eruptionen? Das ganze Jahr über brodelt es tief unten, simmert grollend vor sich hin. Aber kaum kommt das Christkind mit seinen Geschenken – zack! – reisst es den Bescherten im Vorbeifliegen die Gefühlskappen weg. Und von diesem alljährlichen emotionalen SuperGAU wollen Sie nichts wissen? Rennen davon, wenn endültige Wahrheiten ans Kerzenlicht kommen! Warum hat der Mensch eigentlich Angehörige, wenn er sich ihnen in den Momenten potentiell grösstmöglicher Spannungen entzieht, um teilnahmslos an Sonne zu brüten?
Natürlich gibt es immer wieder Leute, die im Nachhinein sagen, sie hätten während der Feiertage lieber gebrütet als gekocht. Als Martin am Morgen des 24. Dezember läutete und fragte, was wir heute machten, dachten wir gleich an eine Liebestragödie, denn Martin steht nie unangemeldet vor der Tür. Tatsächlich, er hatte sich mit Anna gefetzt. Und zwar so, dass

sie auf das allen Streitern wohlbekannte Eskalationsangebot «Dann geh doch!» nicht mit dem ebenso rituellen «Geh doch du!», sondern mit Kofferpacken reagiert hatte. Jetzt war sie weg, und Martin wusste nicht wohin mit seinem Leid und ihrem Weihnachtsgeschenk.

«Scheiss-Festtage,» sagte er mit verlorenem Blick, «wären wir nur nach Tunesien gefahren.» Um Euch dann an einem grauen Februartag unspektakulär zu trennen? Das kann man einen soeben verlassenen Freund natürlich nicht ins Gesicht fragen. Aber Martin, der dann trotz allem nicht mit uns feiern, sondern lieber einsam in seinem durchs Christkind vertieften Schmerz graben wollte, schien mir nicht bemitleidenswerter als andere Scheidende. Im Gegenteil. Zu heulen, während andere im Lichterglanz frohlocken, steigert die Verzweiflung dramatisch, verkürzt sie aber auch beträchtlich. Nie leidet man so abgrundtief wie zwischen Weihnachten und Neujahr. Nie ist man sicherer, glücklich oder unglücklich, doch ein ungemein gefühlsreicher Mensch zu sein. Unterm Jahr können da gelegentlich Zweifel auftreten.

Und vor diesem Segen sollen wir wegjetten? Ein einziges Mal habe ich am Heiligen Abend mit einer Wunderkerze in der Hand an einem Pool in den Tropen gesessen. Es war nicht traurig, sondern kalt. Kalt im Kopf und im Bauch. Oder cool, wenn Sie lieber wollen. Und cool sind wir ins Neue Jahr gerutscht. Ich hoffe, Sie hatten einen besseren Anfang.

Zukunftsschmarren

Sie haben es hinter sich. Der Weihnachtsbaum nadelt bereits, Völlegefühl und gute Vorsätze sind am Abflauen, der Stress ist vorbei. Glauben Sie. Dabei kommt das nächste Jahrtausend so rasant auf Sie zu, dass Sie mit Umdenken sogleich anfangen müssen, wenn Sie morgen nicht hoffnungslos von gestern sein wollen. Zwar weiss niemand so recht, warum in sechs Jahren ausgerechnet deswegen alles anders werden soll, weil das neue Jahr dann drei Nullen hat; aber da die Prognostiker einhellig behaupten, im 21. Jahrhundert werde alles anders, sollten Sie sich beizeiten rüsten.
Vor allem, wenn Sie eine Frau sind. Denn die Frau des dritten Jahrtausends sieht so aus, dass Sie und ich uns dereinst besser hinter dem Ofen verkriechen, wenn wir nicht sofort an uns zu arbeiten beginnen. So behauptet zum Beispiel die amerikanische Schriftstellerin Naomi Wolf, Autorin des weiss Gott nicht dummen Buches «Der Mythos Schönheit», ein wegweisendes weibliches Modell für übermorgen sei die Scheidungswitwe Ivana Trump: Sie hat vorgemacht, dass eine Frau auch ohne einen reichen Mann leben kann. Ich fand das erst verwirrend, weil schätzungsweise 99,9% der Frauen täglich beweisen, dass sie das Leben auch ohne einen Multimillionär an ihrer Seite irgendwie bewältigen. Aber das war natürlich nicht der Punkt. Das Futuristische an Ivana Trump ist nämlich nicht ihr Geld, sondern ihre bedingungslose Liebe zu demselben. Die müssen wir uns gemäss Wolf dringend aneignen, wenn wir als Geschlecht im nächsten Jahrtausend irgend etwas zu melden haben wollen. Die Einsicht, dass Geld wichtig ist, genügt nicht mehr. Sie müssen es lieben und raffen lernen.
Und was ist mit den Männern, während wir dasitzen

und unser Geld lieben oder herumrennen, um es zu scheffeln?
Schon jetzt räkeln sie sich, zumindest in der Werbung, vorwiegend nackt und parfümiert in der Gegend herum, um unsere Aufmerksamkeit noch irgendwie zu erregen. Camille Paglia, wie Wolf eine ebenso freche wie umstrittene Vordenkerin, meint, wir sollten uns auch in Zukunft nicht ganz von ihnen abwenden. Zwar seien oder würden intellektuell anspruchsvolle Frauen zunehmend lesbisch, aber sie sollten nicht darauf verzichten, sich hin und wieder mit einem Mann zu vergnügen. Zumal letztere, wie Stiere bei einer Corrida, ohnehin nur darauf warteten, von einer Frau dominiert zu werden.
Können Sie mithalten? Bekommen Sie beim Lesen der Aktienkurse Herzflimmern? Oder reden Sie noch immer lieber mit Ihrem Mann als mit Ihrem Anlageberater? Wenn ja, wappnen Sie sich, auch wenn Sie das alles für einen Schmarren halten. Es ist Schmarren mit Zukunft.

Traummänner und Frostbeulen

In einem Leserbrief an eine Frauenzeitschrift schimpfte vor kurzem ein Mann, der sich selber als kultiviert und sensibel bezeichnete, über die Frauen. Er sei es leid, schrieb der kultivierte Sensible, ständig Artikel zu lesen, in denen sich Frauen über die Grobheit, Rücksichtslosigkeit und Unaufmerksamkeit der Männer beklagten. Immer wieder werde da der Traummann als freundlich, kultiviert, sensibel und aufmerksam für die inneren und äusseren Werte der Frau beschrieben. «Leider», zeterte der Verfasser, «erwähnen diese Schreiberinnen mit keinem Wort, dass es die groben, gleichgültigen, oberflächlichen Männer sind, bei denen die Frauen den Kopf verlieren. Die Kultivierten, Sensiblen dagegen erregen weder ihre erotischen Phantasien noch ihre Gefühle.»
Der gute Mann hat ziemlich recht. Mag sein, dass er Pech bei den Frauen hat, weil er unablässig mit seiner Kultiviertheit und seiner Sensibilität wedelt, aber das nimmt der Sache nicht den Kern. Frauen verlieben sich tatsächlich mit schmerzlicher Häufigkeit in Kerle, angesichts derer sich die befreundete Umwelt an den Kopf greift. Dass das umgekehrt genauso geschieht, ist ein schwacher Trost: Männer füllen nicht seitenweise Zeitschriften mit Gejammer über unsensible, oberflächliche Frauen. Ihre Vorstellungen von der Traumfrau sind in Werbung und Männermagazinen zu besichtigen. Was sie sich darüber hinaus an Charaktereigenschaften wünschen, behalten sie in der Regel für sich. Die Frauen dagegen haben ihren Traummann in unzähligen Aufsätzen, Büchern und Gesprächen genauso einhellig definiert, wie der Leserbrief beschreibt. Und dann gehen sie hin und verlieben sich in irgendeine Frostbeule.

Die Erklärung für den vielen Männern rätselhaften Widerspruch ist ziemlich einfach: Anders als die Traumfrau ist der Traummann nicht ein Produkt von Begehrlichkeit, sondern von Mangelerscheinungen. Eine Frau, die sich ernsthaft einen freundlichen, kultivierten, sensiblen und aufmerksamen Mann vorzustellen versucht, kommt eher ins Gähnen als ins Träumen. Mit so jemandem möchte man vielleicht gerne in die Oper, aber doch nicht in den siebten Himmel. Dafür braucht es lustvollere Eigenschaften als Freundlichkeit und Aufmerksamkeit. Wir haben uns nicht kollektiv in Marlon Brando oder Jim Morrisson verliebt, weil sie im Kino oder auf der Bühne so nett zu Frauen waren, sondern weil wir ihre Frechheit hinreissend fanden. Leider ist das im wirklichen Leben ähnlich, wenn auch eine Nummer kleiner. Spannend wird ein bislang unbekannter Mann nicht als Zuhörer, sondern indem er pfiffige Geschichten erzählt. Weiche Knie bekommt man nicht, weil er einem freundlich den Stuhl zurechtrückt, sondern wegen seiner unverschämten Blicke. Und Witz hat auf Frauen eine deutlich erotischere Wirkung als sensibles Mitfühlen. Am Anfang.

Wenn sie merken, dass der pfiffige Geschichtenerzähler eine Dauerallergie gegen Zuhören hat, der unverschämte Blickewerfer im Alltag eher blind ist und das Humorbündel über alle Probleme hinwegscherzt, gehen die Frauen nicht etwa weg, sondern sie basteln sich einen Traummann. Den sie nie kennenlernen werden, weil sie ihn glatt übersehen.

Holz vor der Hütte

Es ist ein ziemlich gewöhnlicher Vorgang, dass Männer auch in Anwesenheit von Frauen kritisch über deren Geschlechtsgenossinnen reden. «Gut Holz vor der Hütte,» sagen sie und nicken anerkennend, wenn die Serviertochter vollbusig ist. «Für die Läufe braucht sie einen Waffenschein» meckern sie höhnisch, wenn die Bedienung statt eines grossen Busens krumme Beine hat. Die Sprüche waren schon abgestanden, als ich klein war, aber sie scheinen unausrottbar. Und leider reden nicht nur die Männer am Nachbartisch, sondern hin und wieder auch die am eigenen Tisch so daher. Vielmehr, es entschlüpft ihnen wie eine Art linguistischer Pawlow: Kaum rückt ein Busen ins Blickfeld, fällt ihnen der Kommentar aus dem Mund. Es hat keinerlei Wichtigkeit, aber es muss gesagt werden. Schliesslich ist man ein Mann und kein Eunuch.
Trotz aller Einsicht in die Vergeblichkeit des Unterfangens versuche ich manchmal, mich in Männer einzufühlen. Vor kurzem sagte wieder einmal einer am Tisch etwas von Holz vor der Hütte. Wenig später, als ein Mann in sehr engen, konturenfreundlichen Jeans das Lokal betrat, sagte ich auch: «Der hat aber gut Holz vor der Hütte.» Die alberne Metapher schien mir geschlechtsunabhängig verwendbar, weil man Holz hoch oder tief stapeln kann. Und ich wollte gerne wissen, wie man sich fühlt, wenn man einer ganzen Runde mitteilt, dass man einer fremden Person auf die primären oder sekundären Geschlechtsteile geschielt hat. Ich habe mich nicht herrlich und nicht dämlich, sondern ziemlich ordinär und sehr verlegen gefühlt. Wir müssen das mit dem Einfühlenwollen einfach lassen. Es macht nicht schlauer.
Der Effekt meiner dummen Bemerkung war aller-

dings erstaunlich. Die Frauen am Tisch kicherten spontan, wenn auch etwas überrascht, äusserten sich aber mit keinem Wort. Die Männer brauchten ein wenig länger. Dann schauten sie mich entgeistert an. «Der aufgeblasene Milchbub? Mit dieser Hühnerbrust? Diesem Plattfussgang? Diesem schütteren Schnäuzchen? Frauen fallen wirklich auf die lächerlichsten Gestalten herein.» Als ich sagte, ich hätte weder auf die Hühnerbrust noch auf den dünnen Schnauz geachtet, schwiegen sie unfroh. Ich wusste genau, was sie dachten, und wäre gerne unter den Tisch gekrochen. Schiefer hätte es nicht laufen können.

Es gibt beherztere Frauen, die auch in Gegenwart von Männern ungeniert über die körperlichen Attribute zufällig Vorbeigehender urteilen. Sie wirken oft etwas angestrengt. Andere begutachten die fremden Frauen im Fahrwasser der Männer, kommentieren ihrerseits Busenumfänge und lachen über den Waffenschein für die krummen Beine, was nicht einfach zu verstehen ist. Die meisten Frauen, die ich kenne, fahren den Männern allerdings über den Mund. Das führt in der Regel zu den nicht sehr charmanten und ausserdem ermüdenden Feminismus-Diskussionen, die niemand mehr hören kann. Was soll denn schlecht sein am Holz vor der Hütte? Die Frau kann doch von Glück reden, dass sie hat. Ausserdem hat man sie nicht beleidigt, weil man es nicht zu ihr, sondern zu uns gesagt hat. Und so weiter, bis die ahnungslose Serviertochter kommt und endlich die Rechnung bringt.

Männer sind auch keine Hirsche im Einfühlen.

Mann im Bett

Er hat Grippe. «Warum hast Du den Brusttee noch nicht ausgetrunken», frage ich streng und deute auf die volle Tasse auf dem Nachttisch. «Er ist so heiss, und ich habe ganz spröde Lippen», sagt der Liebste schwach. «Trink, sonst wirst Du nie gesund!» befehle ich, um einen besorgten Gesichtsausdruck bemüht. Ächzend kommt er aus den Kissen hoch und lässt sich das siedend heisse Gebräu reichen. Er schlottert. «Würdest Du mir einen Pulli über die Schultern legen?» bittet er mit heiserer Stimme. Ich schüttle den Kopf. «Du weisst doch, dass man sich nicht vermummen soll, wenn man Fieber hat.» Dankbar sieht er mich an. «Du hast recht. Muss ich die ganze Tasse austrinken?» Natürlich muss er. Und dann noch eine zweite.

Nie begeben sich Männer so bedingungslos in die Hände von Frauen, wie wenn sie krank sind. Für die Totalkapitulation reicht eine harmlose Erkältung. Zwei vollgeschneuzte Papiertaschentücher, und sie streifen den Habitus des Machers an der Bettkante ab, um sich röchelnd unters Duvet und zu unseren Füssen zu werfen.

Da liegen sie dann, mit flehenden, vom Schnupfen wässrigen Augen und tun, was wir uns das ganze Jahr über wünschen: Sie hören uns zu. Ob wir ihnen Essigumschläge, Haferschleim oder Wechselduschen verordnen, sie kleben an unseren Lippen und befolgen unsere Anweisungen, als hinge davon das Leben ab. Hängt es ja auch. Denn der kranke Mann ringt immer mit dem Tod, auch wenn er nur Ohrensausen oder einen Kater hat.

Ein Glück, dass er nicht hören kann, was wir von seinem Siechtum halten. Frauengespräche über kränkelnde Männer sind dreckige Hohngelächter über ein

Geschlecht von Hypochondern und Wehleidern. «Paul hat angeblich einen angegriffenen Bronchialbaum, dabei weiss er nicht einmal, wo der sitzt.» «Mario überfrisst sich regelmässig und jammert dann über Sodbrennen.» «Ich nehme Urs die Zeitung weg, wenn er Grippe hat. Das macht ihn schneller gesund als zwanzig Aspirin.»

Die pflegerisch hinterhältigsten Frauen sind generell die mit den gesundheitlich anfälligsten Männern. Sie verraten einem nicht nur die stinkendsten Brustwickel gegen Katarrh und die bohrendsten Massagen gegen Nackenschmerzen, sondern auch medizinisch stichhaltige Argumente gegen morgendliches Ausschlafen und Fernsehen im Bett. Derart gerüstet treten wir wieder an sein Lager, in unserem Blick nichts als die reine Aufopferung. Warum merkt der Mann nichts? Warum flieht er nicht beim leisesten Krankheitssymptom unter seinesgleichen? Er, der wie ein Seismograph auch das verborgenste Zipperlein in seinem Körper aufspürt, registriert nichts von der Häme, mit der wir uns über sein Leiden hermachen.

Irgendein männlicher Feingeist hat behauptet, der kranke Mann gestatte seiner Frau, in ihm das wehrlose Kind wiederzufinden, das er war, ehe ihm der harte Alltag einen Panzer auferlegte. Tausend Dank! Wer will schon an die Weichteile unter dem Panzer, wenn sie nur zur Pflege offengelegt werden?

Ramadan

Merkwürdiges frisst sich durch im Land. Leuteneggers haben den Fernseher in den Keller versenkt und lesen sich abends gegenseitig Märchen vor. Wenn man sie nach der Tele-Abstinenz fragt, verkünden sie mit heiterer Gelassenheit: «Wir sind auf Ramadan.» Silvia winkt entschlossen ab, wenn man ihr ein Glas Wein einschenken will, Reini vegetiert mit Gemüsesäften dahin, Helen und Beat geben nach einem innigen Blickabtausch preis, warum sie sich einander zugehöriger fühlen denn je: Sie leben derzeit sexuell enthaltsam. «Du weisst, Ramadan.»
Ramadan? Was haben Leuteneggers mit Ramadan am Hut? Vor eineinhalb Wochen war Aschermittwoch, und von diesem Tag an sollten anständige Christen bis Ostern weder völlern noch anderswie ausschweifen, was sie aber mehrheitlich ziemlich vergessen haben. Statt dessen ist der Ramadan dabei, zum helvetischen Brauch zu mutieren, obwohl nur eine kleine Minderheit der in der Schweiz lebenden Personen dem islamischen Glauben angehört. Die, die dem Ramadan so unübersehbar huldigen, gehören nicht dazu. Aber möglicherweise klingt es einfach weltläufiger, muslimisch zu verzichten als sich christlich zu enthalten, wo man doch ohnehin so selten in die Kirche geht. Ausserdem boomt ja auch der Buddhismus wie wild. Ein bisschen Fremdreligion kann also nicht schaden, und sei es auch nur, weil die Hose seit den Weihnachtsfeiertagen derart heftig spannt.
Hoho, protestieren die helvetischen Ramadaner, darum geht es nicht. Wir wollen nicht abmagern, sondern uns von den körperlichen und geistigen Schlacken befreien, die wir mit uns herumschleppen. Das klingt läuternd, ist aber leider, zumindest was die

körperlichen Schlacken anbelangt, ein grandioser Humbug. Der Mensch ist kein Ofen, und noch nie hat ein Wissenschafter im menschlichen Körper irgend etwas Schlackenähnliches gefunden. Schwieriger zu widerlegen ist die Vorstellung der geistigen Verschmutzung durch Fernsehen und andere Medien. Es fragt sich allenfalls, ob in dreissig Tagen Sendepause zu entsorgen ist, was sich elf Monate lang abgelagert hat.

Wenn nun aber das mit dem Entschlacken nichts ist, warum haben dann trotzdem immer mehr Leute das Bedürfnis, Fernsehen, Kühlschrank, Weinkeller oder attraktive Unterwäsche eine Weile lang unter Verschluss zu halten? Ein leiser Verdacht drängt sich auf. Bleibt der Weintrinker einen Monat trocken, um seiner Leber Erholung zu gönnen oder um sich zu beweisen, dass er kein Alkoholiker ist? Hat der Bildschirm grau zu bleiben, weil wir endlich wieder zum Lesen und Reden kommen wollen oder weil wir ohne regelmässige Verzichtübungen bei abgeschaltetem Fernseher gar nichts mehr mit uns anfangen können? Verschafft geschlechtliche Enthaltsamkeit einen klaren Kopf oder die Beruhigung, dass man auch ohne kann? Anders gefragt: Ist der trendige Ramadan möglicherweise lediglich ein kurzer Kraftakt von uns legal Süchtigen, den eigenen Suchtverdacht abzuschütteln?

Wechseljahre

Irgendwann, meist früher als erwartet, setzen sie ein. Ihre Anfänge werden oft übersehen, denn die Symptome sind vielfältig und leicht zu verkennen. Ein resigniertes Einatmen vor dem Spiegel, ein verzweifelter Blick auf die im Kamm hängengebliebenen Haare, und du müsstest eigentlich wissen, dass es ihn erwischt hat. Aber selbst, als er einen Hometrainer aus dem Kofferraum stemmt, bist du erst ahnungslos erfreut, weil du denkst, das wird eurer Gesamtform guttun. Bis du ihn mit einer Verbissenheit darauf strampeln siehst, als müsse er einen Bergsturz lostreten. Danach stöhnt er, hält sich das Kreuz und humpelt vor Muskelkater. Du grinst ohne jedes Mitgefühl und sagst leichtfertig: «Tja Männe, das kommt davon, wenn man meint, man sei immer noch ein junger Spund.» Erst, als du seinen waidwunden Blick siehst, begreifst du das Ausmass seiner Tragödie. Er geht auf vierzig zu.
Mit anderen Worten: er geht durch die Hölle. Und du stehst daneben und kratzt ratlos am Kopf. Seit Jahrzehnten bist du von der Reklame auf das Drama weiblichen Alterns eingestimmt worden, auf Schlupflider, Krähenfüsse, abfallende Busen und aufquellende Hüften. Aber kein Mensch hat dich vorgewarnt, dass das nichts ist gegen das Inferno des Mannes, der mit fünfunddreissig entdeckt, dass er nicht mehr zwanzig ist. Eines Tages kommt er zerstört nach Hause, weil ihm ein freundlicher Teenager im Tram seinen Platz angeboten hat. Aber das erzählt er Dir, vielleicht, zwanzig Jahre später. Jetzt rennt er erst einmal gegen die niederschmetternde Erkenntnis an. Er unterwirft sich ab sofort strengster körperlicher Ertüchtigung, joggt, radelt und squasht wie ein Besessener. Und

bricht bei der ersten Fussverstauchung völlig zusammen. Denn nun hat er den gefürchteten Beweis: Er bringt es nicht mehr. Er gehört zum alten Eisen. Aber davon sagt er nichts. Stattdessen hinkt er ächzend zum Arzt. Röntgen. Dann ein Check-Up, mit EKG und allen Schikanen. Er ist, wen wundert's, kerngesund. Ein bisschen übergewichtig. Aber den Speck trainiert er sich ja jetzt ab.
Du findest ihn eigentlich noch ganz prosper und seine fiebrige Sportlichkeit etwas hysterisch. Ausserdem trägt er seit kurzem diese schreiend bunten Krawatten und duftet wie ein Moschusochse. Aber bitte. Etwas mühsamer ist seine neue Feindseligkeit jungen Männern gegenüber. Der freundliche Nachbarssohn ist plötzlich nichts als ein hirnloser Muskelprotz, der neue Arbeitskollege ein eingebildeter Schickimicki. Noch nerviger sind seine altväterlichen Redewendungen. «Wenn ich so jung wäre wie du», sagt er wehmütig wie ein Greis zur achtzehnjährigen Nichte. «Ja in Ihrem Alter» seufzt er die Stewardess an, die höchstens zehn Jahre jünger ist als er. Muss er denn jede in sein Jammertal hinabziehen? Was muss er überhaupt mit der Stewardess reden? Und warum strahlt er sie so unverwandt an, als habe sie nur ihm ein Schokolädchen angeboten? Dieses unmotivierte und folglich leicht irritierende Lächeln überkommt ihn in den folgenden Jahren immer hartnäckiger, kaum dass ein Rock vorbeiwippt. Was ihn sonst noch alles überkommt, müssen wir uns ausmalen. Denn zu Hause sitzt er schmallippig und verdrossen vor dem Fernseher, immun gegen alle Belebungs- und Aufheiterungsversuche. Kein Zweifel, er leidet. Aber er leidet so unausstehlich, dass du ihn mitsamt seinem Hometrainer auf den Sperrmüll kippen könntest.

Ach, ich hab sie ja nur auf die Schulter geküsst

Nur? Was heisst hier nur, Herr Ollendorf? Haben Sie die Dame zuvor gefragt? Na also. Und jetzt singen Sie uns die Ohren voll, weil Ihnen die wider Willen Geküsste eine geklatscht hat. Ihr Glück, Herr O., dass Sie eine Operettenfigur sind, denn sonst wären Sie verhaltensmässig untragbar. Heutzutage kann es Sie die Karriere kosten, ein Objekt Ihrer Begierde auch nur anzublinzeln. Anzublinzeln wohlverstanden, nicht zu küssen.
Heute fragt man, respektive Mann, bevor er hinschaut oder gar hinlangt. So will es eine immer lauter werdende amerikanische College-Frauenbewegung, deren Botschaft auch bei uns immer mehr Anhängerinnen findet. Sie fordert beispielsweise, dass der Mann, bevor er der Frau die Hand aufs Knie legt, vorher um Erlaubnis bittet. «Honey, möchtest du, dass ich jetzt dein Bein berühre?» soll er fragen. Und erst, wenn sie laut und deutlich bejaht hat, soll er hinfassen dürfen. Unbewilligte körperliche Kontaktversuche werden noch nicht mit dem Strafgesetz, aber immerhin bereits mit College-Verweis geahndet.
Sexual Correctness heisst der neue Kodex, der Frauen davor schützen soll, von Männern gegen ihren Willen belästigt und angetatscht zu werden. Frauen sollen sich gegen unerwünschte Annäherungen erfolgreich wehren können, auch wenn diese nur in einem unverschämten Blick bestehen. Gewalt gegen Frauen soll anklagbar werden, bevor es zu den körperlichen und seelischen Verstümmelungen einer Vergewaltigung kommt.
Dagegen ist als Frau schwer anreden. Jede kennt männliche Übergriffe, die verletzt haben, ohne dass es zu Tätlichkeiten kam. Jede hat auf dem Heimweg zwi-

schen Tramhaltestelle und Haustür schon Angst gehabt, wenn sie hinter sich Schritte hörte. Und lange nicht alle sind Karate-Meisterinnen.

Sind Frauen deswegen eine besonders schützenswerte Spezies wie die Pandabären? Ich zweifle, ob uns damit geholfen ist, wenn unsere potentielle Opferrolle durch verbindliche Regeln zementiert wird. Vor allem aber verstört mich das Konzept einer sexuellen Korrektheit. Was zum Henker soll das sein? Wenn es einen Bereich gibt, in dem man sich sämtliche Korrektheit zum Teufel wünscht, dann doch wirklich in der Sexualität. Wie bitte soll man sich eine korrekte Lust vorstellen, ohne dieselbe bei dem Gedanken sofort zu verlieren? Wie soll so etwas wie Erotik entstehen, wenn vor jeder Berührung ein mündliches Gesuch gestellt werden muss? Vor allem: Geht es wirklich nur um den Schutz von Frauen oder um eine neue Prüderie mit feministischer Kappe?

Nicht nur in den USA wird an der Reglementierung von Lust streng gearbeitet. Vor wenigen Tagen wurde an der dem Vatikan gehörenden Universität Sacro Cuore in Rom ein Vibrator vorgestellt, mit dem das männliche Glied bis zum Samenerguss stimuliert werden kann. Die Erfindung war vonnöten, weil die katholische Kirche die Masturbation bekanntlich verbietet. Gleichzeitig befürwortet sie die künstliche Befruchtung von Ehefrauen, wenn sich auf natürlichem Weg keine Schwangerschaft einstellt. Aber wie soll der Samen zusammenkommen, wenn nicht Hand angelegt werden darf? Mit dem sogenannten Eichelstimulator, der natürlich nur an Arztpraxen vertrieben wird, entfällt nach vatikanischem Verdikt die Sünde.

Ein bemerkenswerter Fall von sexueller Korrektheit.

Fremdsprache

Das Buch hiess «Die Entdeckung des Planeten Mann» und war einer italienischen Frauenzeitschrift als Werbegeschenk beigelegt. Meine Kollegin war bereits zum Kapitel «Männliche Sexualität» vorgedrungen und lachte aus vollem Hals, als ich am Morgen ins Büro kam. «Es ist unangebracht, am Penis wie an einem Trinkhalm zu nuckeln», japste sie zur Begrüssung. Wie bitte? Ich hatte noch nicht gefrühstückt und war etwas überfordert. «Der Penis ist die Essenz des Mannes», deklamierte sie wiehernd, «wenn die Frau sich über ihn hermacht wie über ein Fläschchen Coca Cola, hat er Angst, sie sauge ihm das Leben aus. Steht hier.» Sie klappte das Werbegeschenk zu und pfefferte es in den Papierkorb. «Amerikanisches Glump. Die sollen mir lieber erzählen, wer auf dem Planeten Mann für gebügelte Hemden zuständig ist.» Ich fischte den fremden Planeten wieder aus dem Abfall. Es konnte nicht von Schaden sein, ab und zu über das eigene Universum hinauszuschauen. Und tatsächlich, das kleine Paperback einer US-Psychologin eröffnete neue Welten. Denn neben praktisch-manipulativem Knowhow enthielt das Handbuch eine Menge von verblüffenden Merksätzen für den besseren Umgang mit der verstauchten Gefühlswelt des Mannes. Obwohl als ausdrücklich männerfreundlich deklariert, las es sich wie eine Anleitung zur erfolgreichen Annäherung an seelisch Behinderte.
Nehmen wir beispielsweise den berüchtigten Frauensatz «Wir müssen über unsere Beziehung reden». Warum sieht einen jeder Mann bei diesem Satz an, als habe man eine Handgranate entsichert? Warum muss er plötzlich fluchtartig ins Bett oder aufs Klo? Weil wir die Sache ganz falsch angepackt haben, sagt

das Handbuch. Der Mann ist nämlich abseits vom Stammtisch ausserstande, ins Blaue hineinzureden. Eine Diskussion mit der Frau ohne genau umrissenes Thema setzt ihn unter Stress. Da könnte ja wer weiss was kommen. Die richtige Aufforderung zum Beziehungsgespräch heisst deshalb: «Schatz, ich würde gerne mit Dir bereden, warum Du gestern abend wieder so mit Deinem Weinkeller angegeben hast.» Erst jetzt weiss der Mann, was es geschlagen hat. Und was antwortet er auf die richtige Frage? «Ich hab keinen Bock, über solchen Mist zu reden.» Ende der Diskussion, aber nicht Ende der Frauenarbeit. Denn jetzt muss sie verstehen, was der Liebste wirklich gemeint hat. Null Bock heisst nämlich laut Handbuch nicht null Bock, sondern «ich habe Angst, etwas Falsches zu sagen». Hat er statt null Bock gesagt, sie solle mit der Gefühlsduselei aufhören, ist das ebenfalls keine Schroffheit, sondern ein reumütiges Eingeständnis seiner Hilflosigkeit. Damit sich die Frau von den offenbar weltweit gängigen männlichen Dialogkiller-Formeln nicht entmutigen lässt, liefert das Handbuch eine Uebersetzungshilfe von männlicher in weibliche Sprache, angesichts derer wir nur erschauern können über all das Unverständnis, das wir Männern bisher entgegenbrachten, indem wir sie beim Wort nahmen. Aber ist uns diese Fremdsprache einmal geläufig, öffnen sich unsere Herzen auch dem unwirschesten Gesprächsabwürger. Denn nun verstehen wir, selbst ein verächtliches Schnauben als zartfühlenden Diskussionsbeitrag zu enttarnen.

Bedauerlicherweise sagt das schlaue Handbuch nicht, warum Männermagazine nicht auch mit solchen Geschenken werben, sondern die Entdeckung des Planeten Frau immer ihren Aktfotografen überlassen. Aus Rücksicht auf die seelische Behinderung ihrer Leser? Aus Mangel an Knowhow? Oder haben Männer weniger Ohr für Fremdsprachen?

Keinen blauen Dunst

Der Vielfrass lebt gefährlich und asozial. Seine Sucht führt zu Herzverfettung und zur Erhöhung der allgemeinen Krankenkassen-Beiträge, denn für ärztlich verordnete Abspeckkuren kommen wir alle auf. Ausserdem ist es ein Graus, ihm beim Schlingen zuzusehen. Der Säufer seinerseits ruiniert mit seiner Becherei nicht nur die Leber, sondern in der Regel auch sein Familienglück sowie häufig den Frieden in der Beiz. Mit andern Worten: Auch unter ihm haben wir alle zu leiden. Ganz anders der Raucher: Er randaliert selten, wenn er seiner Sucht frönt. Er ist auch ästhetisch keine Zumutung, während er seine Lunge massakriert. Er schmatzt nicht und rülpst nicht und fällt nicht vom Stuhl, sondern zieht sein Gift geräuschlos in sich hinein.
Trotzdem drischt jeder Flegel auf den Raucher ein. Während der Säufer unbehelligt noch einen Doppelten kippt und der Völlerer ohne Kommentar ein Supplement Blutwurst bekommt, zischelt die Tischnachbarin des Rauchers bei der zweiten Zigarette: "Paffet dä jetzt scho wider? Also bis zum Kafi chönnt er's würklich verchlämme!" Warum sollte er, ausgerechnet er? Niemand nimmt dem Fettwanst die Gabel weg. Niemand stellt dem Alkoholiker Mineral- statt Feuerwasser hin. Nur auf ihm, dem stillen Nikotinabhängigen, hacken sie herum wie wildgewordene Krähen. Obwohl er doch angeblich früher stirbt und damit die Krankenkassen entlastet.
Sie brauchen nicht gleich aufzuschreien. Ich weiss: der Gestank, der Zwang zum Mitrauchen, die tränenden Augen. Zugegeben. Aber müssen Sie deswegen gleich hysterisch werden? Wir dürfen doch schon fast nirgends mehr. Eine Zigarette im Kino, im Tram, im Lift –

das kennen wir nur noch aus alten Schwarzweiss-Filmen. Welcher Raucher traut sich heute noch, in einer unvertrauten Runde sein Päckchen hervorzunehmen, ohne auch den Hinterletzten um Zustimmung zu bitten? Ist ja auch korrekt. Aber inzwischen fragen die meisten Raucher so kleinlaut um Erlaubnis, als wollten sie öffentlich ihre Notdurft verrichten. Und wenn Sie als Nichtraucher nein sagen, ist nein. Dann schleichen wir, wenn die Sucht kommt, wie Schulkinder aufs Klo und hängen uns dort qualmend aus dem Fenster, damit Sie ja nichts riechen. Das müsste Ihnen an Rücksichtnahme doch eigentlich genügen.
Es genügt nicht. Je beflissener wir uns bemühen, ja keinen unerwünschten Rauch zu machen, desto militanter werden die Nichtraucher. Also muss da noch etwas anderes sein als die Volksgesundheit, nach dem die Tabak-Abstinenten dürsten. Haben Sie schon einmal beobachtet, wie Nichtraucher in einem Eisenbahnwagen durchs Raucherabteil gehen? Beim Hereinkommen atmen sie tief ein, verdrehen die Augen himmelwärts und stapfen mit einem Gesichtsausdruck vorwärts, als seien Sie versehentlich in eine Leprastation geraten. Was müssen sie uns mit ihrer Verachtung heimzahlen? Den Genuss, den sie sich nie gegönnt haben? Oder ihr hartes Dasein als Ex-Raucher? Die fünf Kilo Übergewicht, die sie seither nie mehr losgeworden sind? Ich verachte Nichtraucher doch auch nicht generell, obwohl viele von ihnen erdnuss- und gummibärchenabhängig sind und dabei um ihre Gesundheit einen Rauch machen, gegen den ich mit einer ganzen Stange Zigaretten nicht anstinken könnte. Aber das, sagen die Nichtraucher, sei ja nun eine ganz andere Diskussion.

Bademeister

Kein Zweifel, ich war dem Mann in die Bahn geraten. Zwar stand nirgends, dass es seine und nicht meine Bahn war. Aber es war trotzdem klar. Denn während ich mich ohne höhere Ziele im Wasser tummelte, pflügte er fadengrad und laut schnaufend durchs Becken. Der Mann hatte eine Mission. Gewaltig wie ein Walross hob und senkte er sich, und seine Schwimmbrille kam immer näher. Links von ihm pflügte auch einer, und rechts von mir machte eine Frau das tote Männchen. Wohin abtauchen? Etwas abgeschrägt würden das Walross und ich aneinander vorbeikommen, dachte ich und schwenkte leicht ab, gleiches von ihm erwartend.
Aber das Walross schwenkte nicht ab. Statt dessen versetzte es mir einen kräftigen Schwimmtritt. Und dann noch einen. Au, schrie ich. «Das häsch devo, wänn de querschwimmsch, du Chue», dröhnte das Walross und pflügte weiter. Einen kurzen Moment lang überlegte ich, ob ich ihm nachschwimmen und ihn von hinten ersäufen sollte. Aber der Mann war ein Koloss, und ich bin umfangmässig keine grosse Nummer. Da ich keinen Tritt mehr wollte, ging ich aus dem Wasser und sah den anderen beim Schwimmen zu.
Es war ziemlich lange her, seit ich zuletzt in einem Schweizer Hallenbad gewesen war. Zehn, vielleicht auch fünfzehn Jahre. In meiner Erinnerung war das Hallenbad ein Ort, wo man im Wasser herumschwaderte, um die Wette tauchte oder lässig am Bassinrad hing und plauderte. Die Geräuschkulisse war fröhlich, denn meist waren die Schwimmbecken voller Kinder, deren vergnügtes Geschrei von den Wänden widerhallte. Und über allem hing eine Duftglocke von Chlor. Die hängt da immer noch. Und vielleicht schreien am

Nachmittag wenn die meisten Erwachsenen bei der Arbeit sind, auch die Kinder wie vor zehn Jahren. Aber wenn der Büromensch in der Mittagspause zwischen zwölf und zwei das Hallenbad belegt, um seine vom Sitzen erschlafften Muskeln in Form zu bringen, ist es in der chlorgeschwängerten Badeanstalt inzwischen so lustig wie auf einem Rangierbahnhof. Niemand redet, niemand schwadert, niemand spritzt. Körperbewusst und freudlos schwimmen plastikbebrillte Männer und Frauen parallel Länge um Länge ab.

Dabei ergibt sich immer wieder das Problem des Gegenverkehrs auf der Schwimmspur. Und da liess sich nun hervorragend beobachten, was für ein ausweichendes Geschlecht Frauen doch sind. Nicht nur mein unflätiges Walross, sondern auch sämtliche anderen Schwimmer verteidigten erfolgreich ihre Bahn, während die Frauen ständig Kurven schwammen, um einen Zusammenprall zu vermeiden. Offenbar waren sie alle bereits getreten worden.

Keine fünzig Meter hinter dem Hallenbad stiess ich mit einem Fussgänger zusammen. Ärgerlich blickte er mich an: «Sie haben mich doch kommen sehen.»

Das Tabu

Ich interessiere mich lebhaft für das Sexualleben anderer Leute. Vor allem Paare, die ich kenne, würde ich manchmal brennend gerne danach fragen. Über Prinz Charles und Bill Clinton sind wir diesbezüglich umfassend informiert; aber haben Sie eine Ahnung, wieviel Freude Ihre beste Freundin oder Ihr bester Freund daran hat? Manchmal sagt jemand, der sich gerade trennen will oder getrennt hat, ja, mit der Sexualität habe es eben auch schon lange nicht mehr geklappt. Auch? Das klingt, als sei unfroher Sex für eine Liebe ungefähr so nebensächlich wie leichte Schweissfüsse: Wenn man den andern nicht mehr riechen kann, fällt einem eben auch das noch als Scheidungsgrund ein. Ansonsten ist Sexualität in der Ehe das letzte Tabu dieser Gesellschaft. Es hat niemand zu erfahren, ob die legalisierte Lust serbelt oder blüht.
Warum eigentlich? Wir sind doch sonst so ungemein unverklemmt. Als beispielsweise diese Presseeinladung zu einer Modeschau für Unterwäsche eintraf, rieten mir meine Kollegen, auf jeden Fall hinzugehen, es handle sich um ein gesellschaftliches Top-Ereignis. Tatsächlich waren das Fernsehen und viele prominente Menschen da. Die Unterwäsche, die auf dem Laufsteg gezeigt wurde, war vorwiegend aus Leder. Die Männer, die sie vorführten, krochen teilweise auf allen vieren, von peitschenschwingenden Frauen an der Leine geführt. Ihre Gesichter waren durch Ledermasken verdeckt, dafür waren ihre Hintern ziemlich bloss. Manchmal waren auch die Frauen praktisch nackt und die Männer ganz in Leder. Es war eine sehr vergnügte Schau, die Models schwenkten belustigt ihre primären und sekundären Geschlechtsteile, und das Publikum klatschte begeistert. Besonders heftig applaudierten

ein paar ältere Damen in der ersten Reihe, die sehr gediegen aussahen und über deren Stuhllehnen Nerzmäntel hingen. «Hat es dir gefallen?» fragte hinterher der nette junge Mann, der neben mir sass. Er trug einen Dreitagebart und zehn Zentimeter hohe Stöckelschuhe aus rotem Lack. Mir war etwas schwindlig. Das unbeschwerte öffentliche Herzeigen und Beschauen von Accessoires, die einer sehr präzisen Form der sexuellen Lust dienen, hatte mich verwirrt. Irgend etwas war hier schief.

Es waren nicht die Lederwaren und die Blössen. Es war das Gefühl, dass man keinen einzigen der Zuschauer, die sich bei einer Modeschau für Sadomasochisten so blendend amüsiert hatten und nun im Foyer über die gelungene Schau plauderten, nach seinem eigenen Sexualleben fragen dürfte. Ich begreife die Trennung nicht. Wieso kann Teresa Orlowsky auf jedem Bildschirm ihre Beine spreizen und ich mich nicht nach der geschlechtlichen Befindlichkeit meiner Freunde erkundigen? Ich möchte ja keine Praktiken wissen, sondern nur, ob es Spass macht. Vermutlich verweisen Sie mich jetzt empört auf die sogenannte Intimsphäre. Sie haben vielleicht recht. Ich frage ja auch nie. Trotzdem glaube ich nicht, dass man wegen der Intimsphäre nicht fragen darf, sondern wegen des Jammertals, dass sich in den meisten Fällen auftun würde.

Extrawürste

Nichts ist für Kinder furchtbarer als Eltern zu haben, die sich nicht verhalten wie die Eltern anderer Kinder. Meine Mutter schwitzte als kleines Mädchen Blut und Wasser, wenn die Familie am Sonntag von Basel ins Elsass spazierte. Denn mein Grossvater, der an einer unüberwindlichen Zöllner-Allergie litt, weigerte sich stur, einen legalen Grenzübergang zu benutzen. Stattdessen musste die ganze Familie durch unwegsames Unterholz ins nahe Ausland pirschen. Dass mein Grossvater, kaum dass er das erste französische Strassenschild sah, triumphierend mit seinem Pass Richtung Grenze wedelte, fand meine Mutter nicht im Geringsten komisch, sondern entsetzlich. Solches, schwor sie sich, würde sie ihren Kindern nie zumuten.
Daran hat sie sich, in bezug auf Landesgrenzen, streng gehalten. Dafür entwickelte sie andere Extravaganzen, derentwegen ihre Kinder wiederum häufig gerne unter den Tisch gekrochen wären. In keinem Restaurant brachte sie es fertig, sich an die Speisekarte zu halten. Stattdessen strahlte sie den Kellner an und sagte, man könne doch sicher Menu eins mit dem Nüsslisalat von Menu drei und statt dem Fleischvogel eine Bratwurst haben. Ich schämte mich zu Tode, aber siehe da, es ging. Bei der Bank oder der Post ging sie lächelnd auf den Beamten zu, der gerade das Schild «geschlossen» vor seinen Schalter geschoben hatte, und verwickelte ihn in ein Gespräch. Mit dem Resultat, dass der Beamte sie zu meiner kindlichen Empörung meist freundlich bediente, statt stumm und abweisend auf das Schild zu deuten. Wo sollte meine Mutter je Vorgeschriebenes respektieren lernen, wenn sich jede diensthabende Person von ihr einwickeln liess?
Ich weiss nicht mehr, wann oder wo ich die Köstlich-

keit der Extrawurst schmecken lernte. Vermutlich war es in Italien, denn in diesem Land kaufen die Leute nicht einmal ein Brötchen, ohne detaillierte Sonderwünsche anzugeben: «Bitte ganz hell und kurzgebacken. Aber nein, nicht dieses schiefe, sondern ein schön rundes.» Und der Bäcker wühlt geduldig in seinem Weggliberg, obwohl er den Laden gerammelt voll hat. Das tut er nicht, weil er ein besonders freundlicher Mensch ist, sondern weil das ungeschriebene Recht auf Sonderbehandlung vermutlich das einzige Gesetz ist, das in Italien von jedermann eingehalten wird. Was ist denn der Mensch, wenn nicht ein einmaliges Geschöpf mit einmaligen Anliegen?

Nun ist es so, dass Extrawürste, wenn man eine Weile damit gefüttert wurde, weitaus süchtiger machen als Gummibärchen. Die Schweizer hinwiederum sind bekanntlich ein Volk, das auf Sonderwünsche mit einem harsch demokratischen «Da könnte ja jeder kommen...» reagiert. Dachte ich besorgt bei der Rückkehr aus Italien, die frühkindlichen Erfahrungen verdrängend. Alles Quatsch. Die Schweizer reissen sich ein Bein aus, Sie sonderzubehandeln, selbst beim Steueramt. Sie müssen nur sehr nett fragen. Aber bitte nicht vor den Kindern.

Der Beifahrer

Der Mann lenkt die Weltpolitik und in den meisten Fällen auch den Familienwagen. Ersteres ist seit Jahrtausenden so und deswegen nicht leicht zu ändern. Das Auto als Massentransportmittel hingegen ist erst ein paar Jahrzehnte alt, und gelenkt wurde es schon immer von Angehörigen beiderlei Geschlechts. Mehr noch: alle Jahre wieder verkünden die Versicherungen, dass wir sicherer und schadenfreier durch die Gegend kurven als Männer. Da drängt es sich, historisch und rational gesehen, doch geradezu auf, bei gemeinsamen Ausfahrten der Frau das Steuer zu überlassen. So, wie uns auch der Staubsauger meist einsichtig überlassen wird, weil wir ihn einfach besser im Griff haben.
Aber beim Auto gelten andere Regeln als beim Staubsauger. Trotz nachweislich geringerer Fahrtüchtigkeit verweist der Mann dich mit einer Selbstverständlichkeit auf den Nebensitz, als seien er und das Lenkrad eine naturgewollte Einheit. Und meist steigst du auch kommentarlos rechts ein, obwohl seine sportive Kurventechnik dir im Stadtverkehr gemeingefährlich scheint und sein Gefluche deine Nerven strapaziert. Hin und wieder allerdings sticht dich die Laus. Warum sollst du nur am Steuer sitzen, wenn er zuviel getrunken hat oder weg ist? «Heute fahre ich», sagst du also unvermittelt und ohne zu bedenken, dass Verstösse gegen die Natur ihren Preis haben. Die Antwort ist in der Regel ein scharfes Lufteinziehen. Aber dann gibt Männe, der ja kein verknöcherter Patriarch ist, wortlos den Autoschlüssel her und wirft sich mit bewölktem Gesicht auf den Beifahrersitz.
Dort ruckelt er im steuerlosen Raum verloren hin und her, öffnet das Handschuhfach, als entdecke er es zum ersten Mal, fummelt an den Lüftungshebeln und

schnallt sich so umständlich von rechts nach links an, als sei das Ziehen am Gurt in umgekehrter Richtung eine wahnsinnige Anforderung. «Nimm den Gang heraus, bevor du den Motor anstellst,» sagt er, während du den Rückspiegel richtest. Dein linkes Auge beginnt zu zucken. «Und vergiss nicht, dass die Handbremse noch drin ist.» Du wirfst ihm einen Blick zu, der ihm eigentlich die Zunge lähmen müsste. Von wegen. «Oh sorry,» sagt er mit erhobenen Händen, «aber das letzte Mal wolltest du mit angezogener Bremse losfahren.» Worauf du prompt den Motor abwürgst, was dir sonst so gut wie nie passiert. Leise lächelnd blickt er aus dem Seitenfenster.

Zu deinem Ingrimm fährst Du so schlecht wie nie mehr seit der Fahrprüfung. Du schaltest in den Vierten statt in den Zweiten, schneidest erst einem Velofahrer die Vorfahrt ab und machst an der Ampel danach bei Orange eine sinnlose Vollbremsung. Er starrt kommentarlos geradeaus, aber die Genugtuung dampft ihm aus allen Poren. Frauen und Autos! Er schweigt auch noch, als du am Ziel nach dem fünften Parkversuch, fast einen Meter vom Randstein entfernt, erschöpft den Motor abstellst. Oder aber, niederträchtige italienische Verunsicherungsvariante, er springt angesichts einer Parklücke aus dem Wagen, stoppt den gesamten Verkehr und dirigiert die Fahrerin armefuchtelnd hinein. Mit dem Resultat, dass die parkierende Frau regelmässig gegen das Trottoir knallt, auch wenn da Platz für zwei Cadillacs ist.

Dann steigt die Frau aus und eilt auf ihren Mann zu. Jetzt packt sie ihn gleich am Kragen, denke ich jedes Mal, und schüttelt ihn kräftig durch. Aber sie gibt ihm nur den Autoschlüssel zurück.

Fellini lesen

Nachrufe für Federico Fellini: kein Blatt, das den Regisseur nicht ausführlich würdigte. Manche Wochenzeitungen hatten nicht einmal seinen Tod abgewartet, aus Angst, dem tragischen Grossereignis ansonsten womöglich allzu sehr nachzuhinken. Wer mehrere Nachrufe gelesen hatte, wunderte sich, wie sehr sich die Lobpreisungen auf den berühmten Toten ähnelten: der grosse Zirkusdompteur, das Kino-Genie, der Magier, der uns zum Träumen brachte. Kaum jemand hatte über die Person Fellini geschrieben, obwohl viele der Verfasser ihn persönlich gekannt hatten und also wussten, dass er auch ein Gigant gewesen wäre, wenn er keinen einzigen Meter Film gedreht hätte.

Vielleicht liegt es daran, dass das Bild, das er Journalisten gegenüber von sich entwarf, fast keine Konturen hatte. Fragte man ihn nach diesem oder jenem Autor, der ihn möglicherweise inspiriert habe, sagte der mächtige Mann mit der merkwürdig hohen Stimme bedauernd, er kenne diese sicherlich berühmten Schriftsteller leider nicht. Nein, auch ins Kino gehe er so gut wie nie und könne darum auch kaum etwas über seine Kollegen sagen. Wer immer dem bekannterweise Vielbelesenen und Hochgebildeten etwas Eindeutiges entlocken wollte, stiess gegen eine mit Liebenswürdigkeiten gepolsterte Mauer. Er brauchte Freiraum, um sich und die Welt zu erfinden.

Seine Zögerlichkeit im Reden nicht nur über seine Person, sondern auch über seine Filme war bekannt. Was mich, als ich ihn zum ersten Mal für ein Interview traf, überraschte und im nachhinein tief beeindruckte, war seine Versöhnlichkeit allen, auch sich selber gegenüber. Es war nicht die Nachsicht des Überlegenen und schon gar nicht Selbstgefälligkeit, sondern eine

Haltung, die nur haben kann, wer gut und schlecht für wenig taugliche Kategorien hält, das Leben begreifen zu wollen. Gefragt, was er für seinen grössten Irrtum halte, antwortete er nach langem Nachdenken, dass er mit der Frage wenig anfangen könne. Wenn man so einen Irrtum von allen Seiten betrachte, sehe er jeweils derart verschieden aus, dass der Begriff für seine Art, das Leben zu sehen, ziemlich unergiebig sei.

Fellini hatte damals soeben «Die Stadt der Frauen» gedreht, die Schreckvision eines Mannes angesichts einer immer selbständiger und scheinbar feindlicher werdenden Frauenwelt. Der Film, in dem Frauen vorwiegend als bedrohliche Hyänen dargestellt sind, erboste sämtliche kurzsichtigen Feministinnen, mich inklusive. Fellini erklärte mir geduldig wie einem störrischen Kind, er habe keinen Film über Frauen, sondern über die Ängste eines alternden Mannes gemacht. Dass ihm jemand die Anmassung unterschieben konnte, einen Film über oder gar gegen Frauen gemacht zu haben, schien ihn ebenso zu befremden wie zu betrüben. «Wie soll ich denn als Mann etwas Gültiges über Frauen sagen können?» fragte er verständnislos. Dass er zu den seltenen Menschen gehörte, die nicht aus Mangel an Massstäben, sondern aus Kenntnis der eigenen Kompliziertheit niemals Urteile fällen, schien ihm nicht bewusst.

Von Federico Fellini gibt es nicht nur Filme, sondern auch zahlreiche Aufsätze, Notizen und Interviews in Buchform. Und was ich eigentlich mit alledem sagen möchte: Wenn Sie sich etwas Gutes tun wollen, lesen Sie Fellini. Ich weiss von niemandem, der neugieriger, grosszügiger und versöhnlicher am Leben teilgenommen hat.

Ein nutzloses Talent

Kann ich mich zu Euch setzen? fragte der Mann, der, glaube ich, Berni hiess. Die Freundin, mit der ich gerade so heftig am Reden war, dass wir beide rote Backen hatten, nickte spontan. Sie kannte den Mann offensichtlich gut. Und nach der Art, wie sie ihn anlächelte, musste sie ihn gerne mögen. Berni setzte sich, und dann hatten wir die Bescherung. Meine Freundin sagte: «Ja, was machst du denn hier? Du treibst dich doch sonst nicht in dieser Beiz herum.» Er fragte, wie sie darauf käme, er sei sogar ziemlich oft hier. Dann war Schweigen. Hin und wieder sagten wir einen nichtssagenden Satz, damit es nicht allzu peinlich wurde. Meine Backen erkalteten. Berni lächelte etwas ratlos. Das unterbrochene Gespräch hing wie ein Sandsack über dem Tisch. Die Freundin, die eben noch wilde Grimassen geschnitten hatte, um ihren Erzählungen Nachdruck zu verleihen, bemühte sich um Konversation, als moderiere sie eine zähe Talkshow. Ihr angestrengter Plauderton schepperte in Bernis Ohren vermutlich ebenso wie in meinen.
Ich wusste genau, was in ihr vorging. Sie fühlte sich – elendeste aller Frauenkrankheiten! – für alles verantwortlich: für das Lokal, das sie vorgeschlagen hatte, für ihren unvorhergesehen hinzugekommenen Bekannten, für das jäh abgebrochene Gespräch, für meine Wortkargheit und das Gelingen des weiteren Abendverlaufs. Wie ein Huhn flatterte sie zwischen Berni und mir hin und her, als sei es eine Schuld, Bekannte zu begrüssen. Es gibt wenige Männer, die in ähnlichen Situationen zu flattern beginnen, was sehr beneidenswert ist. Aber leider ist die weibliche Flatterkrankheit ebenso verbreitet wie schwer zu kurieren.
Das nutzlose Talent der Frauen, sich ohne Not ver-

antwortlich zu fühlen, entfaltet sich beim läppischsten Anlass. Wenn sie ihren Liebsten in einen kindischen Film oder eine langweilige Ausstellung geschleppt haben, war nicht Steven Spielberg oder irgendein postmoderner Jungbildhauer für die Enttäuschung verantwortlich, sondern natürlich sie. Besonders ausgeprägt ist der Fimmel bei Tisch. Haben Sie schon einmal beobachtet, wie Gastgeberinnen reagieren, wenn ein Gast den aufgetragenen Risotto verschmäht, weil er zufällig keinen Reis mag? Neun von zehn Frauen entschuldigen sich aufgeregt und sind nur mit grossem Nachdruck davon abzuhalten, ihr Essen kalt werden zu lassen, um dem Heiklen einen Teller Nudeln zu kochen. Der Gastgeber hingegen schimpft den Reisverächter eine kulinarische Pfeife und streckt ihm seelenruhig ein Stück Brot hin, das der Gast in der Regel ebenso seelenruhig aufisst. Beide haben keinerlei Problem, was die Gastgeberin nicht hindert, sich in Gewissensbissen zu verzehren.

Gemeinerweise sind die Auswirkungen des Kümmerer-Ticks nicht nur kummervoll für einen selber. Sie sind auch ausgesprochen belastend für die Umwelt. Denn flatternde Hühner stimmen nicht zärtlich, sondern nervös, weil kein Mensch einsieht, warum sie abzuheben versuchen, wo sie flatternd doch nie auf einen grünen Zweig kommen.

Der Kinderwunsch

Der Schweizer Millionär Arno Arndt, die Medien haben darüber berichtet, bietet einer jungen Frau eine Million Franken für das Empfangen und Austragen eines von ihm gezeugten Kindes. Allerdings wird keine Leihmutter für eine im Reagenzglas zu befruchtende Eizelle gesucht, sondern eine Frau, die bereit ist, von Herrn Arndt auf natürliche Weise geschwängert zu werden.
Nachdem der Schweizer seinen ungewöhnlichen Wunsch nicht nur in Zeitungsannoncen, sondern auch in diversen Fernsehsendungen kundgetan hatte, meldeten sich rund neuntausend Interessentinnen. Auserwählt wurde schliesslich die 25jährige Frankfurterin Alexandra Battiany, die sich ohne Beschönigung als geldgierig bezeichnet. Allerdings schränkt die Arzthelferin ein, würde sie für Geld nicht alles tun. Aber für eine Million ein Kind zu kriegen, findet sie verhältnismässig in Ordnung. Mit dem Beischlafen soll in diesem Monat begonnen werden. Zum Anwärmen will Frau Battiany eine Flasche Champagner entkorken. Danach wird sie nach eigenen Aussagen ihre Gefühle abschalten und nur noch an das Geld denken.
Wallt Ihre Moral auf? Und wenn ja, warum genau? Als Robert Redford im Film «Indecent Proposal» der verheirateten Demi Moore eine Million für eine Liebesnacht bot, kamen sämtliche Frauen verwirrt aus dem Kino. Nicht weniger durcheinander waren die sie begleitenden Männer: Würdest du, hättest du auch? Das Tückische am Film war, dass das unmoralische Angebot von Robert Redford kam, für den ein beträchtlicher Teil der Frauenwelt auch ohne Entgelt begeistert die Decke zurückschlagen würde. Die meisten Frauen,

ob privat oder von der Presse befragt, sagten damals, sie hätten das Angebot vermutlich angenommen. Noch weniger zögerlich waren allerdings die Männer: Fast alle hätten für eine Million in der Haushaltskasse den Seitensprung ihrer Liebsten toleriert. Empörung war kaum zu verzeichnen, eher Ratlosigkeit.
War das nun ein Zeichen von Emanzipation und Realitätssinn oder von moralischer Verluderung?
Arno Arndt ist nicht Robert Redford, und er will nicht in erster Linie eine Frau, sondern ein eigenes Kind kaufen. Ist ein mit Geld erfüllter Vaterwunsch akzeptabler als die Bezahlung von Sex? Oder verwerflicher, weil da kein Kind der Liebe, sondern gegen Bares ein Nachkomme gemacht wird? Die Arzthelferin Alexandra Battiany sagt, sie wünsche sich ein Kind, aber nicht als alleinerziehende Mutter, die zweimal pro Woche zum Sozialamt rennen muss.
Vermutlich wird man sie bald nicht mehr eine Hure, sondern eine Vorreiterin nennen.

Plädoyer für das Sumpfhuhn

Jeden Morgen um halb sieben, wenn der Wecker klingelte, tat mein Vater einen heiligen Schwur: Sollte er je das AHV-Alter erreichen, würde er nie mehr vor neun Uhr einen Fuss aus dem Bett setzen. Er ist bei blendender Gesundheit 65 und seit diesem Tag nie mehr frühmorgens gesichtet worden. Da ich biorhythmisch ganz der Vater bin, habe ich mich von Anfang an nach einem Beruf umgesehen, in dem man nicht vor zehn anwesend und erst am Nachmittag wach sein muss. Meine Schwester ist mehr nach der Mutter geraten. Sie federt in der Frühe aus dem Bett, als sei jeden Morgen «Morgestraich», und reisst die Vorhänge auf, um den heraufdämmernden Tag zu umarmen. Als sie nach vielen Bürojahren ins Wirtefach wechselte und nur noch selten vor drei Uhr nachts ins Bett kam, schöpfte ich Hoffnung. Aber eine gemeinsame Urlaubswoche machte alle Illusionen zunichte. Kaum ihren Gästen entronnen, bekam sie wieder die alte Sonnenaufgangseuphorie, folterte mich mit Morgengeträller und nickte abends im Stuhl ein, während ich zu einsamer Hochform auflief. Hellwach starrte ich eine Woche lang in die Nacht hinaus. Warum hatte ich nicht auf die Psychologen gehört? Die sagen seit jeher, dass man leichter aus einem Branchli einen Bundesrat als aus einem Morgenmenschen einen Nachtmenschen macht. Oder umgekehrt. Das allein wäre traurig genug. Zehntausende von Ehen bröseln vor sich hin, weil die Frau immer dann vor Unternehmungslust vibriert, wenn der Mann in den Seilen hängt. Und er purlimunter ist, wenn sie nichts als Schlaf sucht. Wer glaubt, da liesse sich ein Kompromiss finden, irrt. Denn die wahre Tragödie ist nicht das zeitlich verschobene Schlafbedürfnis, sondern die jahrhundertealte Diskriminierung des Nachtmenschen durch den Morgenmenschen. Um seinen abstrusen Komplex zu überwinden, alles Sündige und somit Spannende ereigne sich nachts, wenn ihm die Augen zufallen, hat der Morgennmensch den Spätaufsteher ohne Ansehen der Person zum Sumpfhuhn erklärt. Als würde nicht auch vormittags geliebt, gehurt, gezockt und gesoffen.

Der Nachtmensch ist dieser Diskriminierung hilflos ausgeliefert, ob er nun bis fünf Uhr morgens gearbeitet, gelesen oder gefeiert hat. Ich hätte nie gewagt, meine Schwester beispielsweise als Morgenschnepfe zu beschimpfen, obwohl sie mir mit ihrer Singerei den verdienten Ferienschlaf ruinierte. Sie hingegen sagte spätestens um acht: «Steh auf, alte Nachteule, im Bett liegen kannst du auch daheim.» Und das, nachdem sie die ganze wunderbare Nacht verpennt hatte! Was immer Morgenstund' im Mund hat: Man sollte sich schon deswegen vor ihr hüten, weil sie unerträglich überheblich macht.

Wenn Sie das für übertrieben halten, rufen Sie einmal einen Morgenmenschen um elf Uhr abends an. Als erstes wird er Sie anbellen: «Weisch eigetlich, was für Zyt es isch?» Derselbe Morgenmensch ruft rücksichtlos um acht Uhr früh bei Ihnen an. Und wenn er Ihre verschlafene Nachtmenschen-Stimme hört, bellt er schon wieder: «Weisch eigetlich, was für Zyt es isch?» Wann es Zeit ist, bestimmt immer der Morgenmensch. Das Sumpfhuhn tappt – in diesem Fall tippt – im Dunkeln.

Hausmänner

Wenn Männer, die ihren Beruf zugunsten der Kindererziehung an den Nagel gehängt haben, über ihr neues Dasein zwischen Herd und Wickeltisch reden, klingt das seltsam vertraut. «Ich kriege ja nichts zurück,» klagte ein Hamburger Hausmann einem «Spiegel»-Reporter in den Notizblock, «wenn meine Frau zu Hause ist, ist sie kaputt, läuft mit schlampigen Klamotten rum und geht früh ins Bett.» Ein anderer jammerte: «Ich tat dies, machte das – nur, das wurde ja nicht einmal zur Kenntnis genommen.» Zum häuslichen Frust kommt der Schrecken über den sozialen Abstieg: wer das Aktenköfferchen mit dem Einkaufskorb vertauscht hat, gewinnt nicht an Prestige, obwohl Haushalt und Kindererziehung deutlich arbeitsintensiver sind als die meisten Bürojobs.
Ja und? Frauen ist dieses Phänomen seit Jahrzehnten vertraut. Weder das Teppichsaugen noch das löffelweise Einfüttern von biologisch-dynamischem Gemüsebrei erregt irgendwelche bewundernde Ausrufe, geschweige gesellschaftliche Anerkennung. «Frustrierte Hausfrau» ist nicht umsonst ein stehender Ausdruck. Und nicht umsonst haben Frauen immer Teilzeitjobs gefordert. Zwischen Pampers und Paniermehl anregend und selbstbewusst zu bleiben, ist ein Kraftakt, der die meisten überfordert. Vielleicht glaubten die Männer, sie würden das mit links schaffen, weil doch alles eine Frage der Organisation ist. Möglicherweise bedachten sie nicht, dass der Hobbykoch für das flambierte Entrecôte am Samstagabend sehr viel mehr Applaus bekommt als der Hausmann für Spinat mit Spiegelei, obwohl frischer Spinat eine elende Putzerei ist. Vor allem aber rechneten sie nicht damit, dass man sie zu Witzfiguren stempeln würde, wo sie doch

Pioniere der angewandten Gleichberechtigung sind. Leider ist genau das passiert. Selbst die entlasteten Ehefrauen lohnen den Rollentausch mit Kühle. Nach deutschen Untersuchungen soll die eheliche Erotik einen deutlichen Knacks kriegen, wenn der Mann zum Hausmann wird.

Erstaunlicherweise hat die Erkenntnis, dass das Hausmannsdasein genau die gleichen Frustprobleme mit sich bringt wie das Hausfrauendasein, keineswegs dazu geführt, dass man sich fragt, ob der Wurm möglicherweise in dem isolierten Alltagstrott an sich sitzt. Vielmehr befasste sich der Mann umgehend mit tieferen Fragen. Wozu braucht es eigentlich noch Väter? Die Samen kann sich frau tiefgekühlt im Reagenzglas kaufen, das Geld zum Leben verdient sie selber und die Kindererziehung schafft sie auch allein. Wie kommt er mit dieser Verunsicherung zurecht? Hat das alte, autoritäre Rollenbild möglicherweise mehr hergegeben? Müsste Papi wieder auf die Pauke hauen, damit Frau und Kinder spüren, was sie an ihm haben?

Das ist das Wundersame an Männern: was immer das Problem ist, sie schaffen es, sich in den Mittelpunkt zu rücken. Das Beackern des eigentlichen Problems wird völlig sekundär. Der Trick ist uralt, der Erfolg unvermindert.

Bitte nöd umeluege

Wer hin und wieder spontan bei Freunden und Bekannten läutet, kennt die Szene: Erst wird man mit einem Freudenruf begrüsst und einen Atemzug später mit einem Wortschwall von Entschuldigungen übergossen. «Bitte lueg nöd ume!» flehen die unverhofft Aufgesuchten, während sie einem den Mantel abnehmen. Und dann zählen sie tausend Gründe auf, warum sie gerade heute noch nicht zum Aufräumen gekommen sind.
Ich kann das nicht verstehen. Erstens müsste allenfalls ich mich fürs Hereinplatzen entschuldigen. Zweitens stimmen mich wenige Dinge so hoffnungsfroh wie die Aussicht auf Chaos oder zumindest auf ein bisschen schlampige Unordnung in fremden Haushalten. Sollte es noch andere geben, die dem täglichen Zuwachs an zu ordnenden Objekten nicht gewachsen sind? Gierig sehe ich mich nach hastig abgestreiften Morgenröcken, halbleeren Kaffeetassen und unvollendeten Puzzles um. Umsonst. Selbst die Zeitung vom Morgen liegt schon parallel zum Couchtischrand unter der Leselampe. Trostsuchend fahndet mein Blick unter der ordentlichen Oberfläche nach Liegengebliebenem: einer zerknüllten Socke unter dem Fernsehsessel oder einem abgeknabberten Apfelbürzi in der Obstschale. Nichts. Nicht einmal eine zarte Wollmaus, die dem Staubsauger entronnen ist.
Ich weiss nicht, wie andere Menschen das schaffen. Bei mir können die Leute auch angemeldet vorbeikommen und finden ein ungebändigtes Neben- und Aufeinander von Dingen vor. Das ist nicht kokett dahergeflötet wie bei den angeblich unaufgeräumten Wohnungen meiner Bekannten, sondern ein realer Sachverhalt. Für unerwartet auftauchende Freunde

müssen die Stühle in der Regel erst von Papierstapeln befreit werden. Da diese relativ frisch aufgehäuft sind und folglich ausser den Stühlen noch keinen angestammten Platz haben, landen sie provosorisch unter dem Sofa, wo bereits Dutzende von früheren Papierstapeln provisorisch neben Taucherbrille, Moonboots und Friteuse eingelagert sind. Sicher, die klägliche Winzigkeit meiner Wohnung ist beim Wegräumen keine Hilfe, aber leider auch nicht der springende Punkt. Der liegt woanders.

«Was man nachts um zwei nicht im Dunkeln findet, ist überflüssig», sagte Kurt Tucholsky. Es ist der einzige grässliche Satz, den ich je von ihm gelesen habe. Wie kann ein Mensch sich mit dem begnügen, was er im Dunkeln findet? Wie kann der Nutzungsgrad Massstab für die Aufbewahrung von Dingen sein? Ist die Tatsache, dass der Mann mit der Moto Guzzi aus meinem Alltag verschwunden ist, etwa ein triftiger Grund, meinen Helm zu verschenken? Muss der heissgeliebte batteriebetriebene Brieföffner verschwinden, weil ich die Post immer gleich vor dem Briefkasten aufreisse? Soll ich den Ratgeber für Kontaktlinsenträger nicht aufheben, nur weil ich im Moment noch gut sehe? Allein die Vorstellung macht mich fassungslos.

Und doch müssen Hunderttausende von Menschen mit den täglichen Dingen des Haushaltlebens so rücksichtslos aufräumen, denn anders ist Ordnung nicht zu bewerkstelligen. «Die Alternative zur Ordnung ist nicht die Unordnung», behauptet meine Freundin, «sondern die Wahl. Wer viel zur Auswahl haben will, kann nicht viel wegschaffen.»

Zugegeben, der Gedanke ist kühn. Aber haben Sie jemals eine noblere Erklärung für das gehört, was landläufig schlicht Sauordnung heisst?

Birnenliebhaber

Sergio ist neununddreissig und ähnelt stark einem in Italien sehr bekannten Schauspieler, worauf er auch ständig angesprochen wird. Das widerstrebt ihm etwas, weil er einmalig gut aussehen möchte, aber nicht so sehr, dass er über den Vergleich beleidigt wäre. Seine Frau Viola ist vierundvierzig, sehr klein, dick und nicht schön. Sie hat den Kopf voller Ideen, und im Gegensatz zu den meisten Leuten verwirklicht sie viele davon. Gemeinsam haben die beiden eine fünfzehnjährige Tochter, eine Wohnung und sonst nichts, was für Aussenstehende begreiflich wäre. Sie gehören zu den Freunden, die man lieber einzeln als zusammen trifft, weil sie als Paar mit ihren verhohlen und unverhohlen geäusserten Aversionen gegeneinander jedermann in Verlegenheit bringen.
Vor etwa fünf Jahren hat Sergio sich in eine sehr hübsche, sehr junge Frau verliebt und ist von zu Hause ausgezogen. Vor zwei Jahren hat er seine neue Liebe verlassen und Viola gefragt, ob er zu ihr zurückkehren dürfe. Vermutlich war die Reihenfolge umgekehrt, aber Sergio erzählt es in dieser Variante. Viola sagte ja.
Einmal, als ich mit Sergio allein war, habe ich ihn gefragt, warum er zu Viola zurück wollte. Dass sie seinen sehr präzisen ästhetischen Kriterien nicht genügt, wusste ich; sarkastische Bemerkungen über ihren Speckbauch gehören zu den Bosheiten, die er ihr gern vor Dritten über den Tisch schiebt. Finanzielle Interessen konnten es nicht sein, denn keiner der beiden hatte je eine Lira auf dem Konto. Und eine Mamma-Ehefrau, die zu Hause darauf wartet, den Mann umsorgen zu dürfen, ist Viola nie gewesen.
Sergio erzählte, wie leidenschaftlich es mit der sehr hübschen, sehr jungen Frau im Bett gewesen sei. Und

wie gerne er sie auch sonst gehabt habe. Aber ganz allmählich sei sie ihm ein wenig langweilig geworden. Da habe er wieder häufiger an Viola gedacht. Und irgendwann gemerkt, dass ihm Violas anregende Birne fehle. Da er es auf italienisch sagte, sagte er nicht Birne, sondern Kürbis, was aber dasselbe meint. Er wollte nicht mehr ohne Violas Kürbis sein. Jetzt geht es ihm besser, weil er wieder im Sprühregen von Violas funkelndem Geist steht. Und es geht ihm schlecht, weil der Mensch nicht nur von Kürbis lebt.

Nach diesem Gespräch fand ich Sergio sehr viel sympathischer als vorher. Ich hatte bisher noch nie einen Mann sagen hören, dass er die Birne seiner Frau liebe. Die einzigen männlichen Birnenkomplimente, die mir bekannt waren, bezogen sich auf Po- oder Brustformen. Nicht, dass Männer nicht oft mit grossem Respekt über die Intelligenz ihrer Frauen reden. Das tun sie durchaus, manchmal mit unüberhörbarem Stolz. Aber Sergio sagte nicht Intelligenz, sondern Birne, respektive Kürbis, was einiges mehr als den IQ umfasst und daher auch als Liebesbezeugung ungleich umfassender war. Und eben, ziemlich neu.

Dachte ich. Dann stiess ich in einem Buch über deutsche Liebesbriefe auf einen Satz, der das furios widerlegt. Der Brief stammt aus dem Jahr 1812 und war an die deutsche Romantikerin Bettina von Arnim gerichtet, die der Verfasser seit langem kannte. Er schrieb: «Geister können einander auch lieben, ich werde immer um den Ihrigen werben.» Gezeichnet: Beethoven.

Brennende Eitelkeit

Mathilde war sechsundsiebzig, sehr gläubige Katholikin und zum ersten Mal in Rom. Aber nach dem Besuch des Petersdoms und der Basilika von San Giovanni hielt sie ihr Soll an christlichen Besichtigungen bereits für erfüllt. Auch zum Kolosseum oder zum Trevi-Brunnen zu fahren lehnte sie entschieden ab: Das habe sie schon im Fernsehen gesehen. Sie sagte, bei der Hitze halte sie sich lieber in meiner kühlen Wohnung als zwischen Trümmern auf. Am dritten Tag ihres Besuchs kam ich unerwartet schon gegen zwei Uhr aus dem Büro und entdeckte den wahren Grund für Mathildes beharrliches Zuhausebleiben. Von wegen kühle Wohnung. Mit aufgeknöpfter Bluse, hochgezogenem Rock und nach oben gekehrten Handflächen lag sie im Liegestuhl auf der Terrasse und liess die Sonne auf sich niederknallen.
Sie blinzelte mich so verlegen an, als hätte ich sie beim Kirschenklauen erwischt: «Wenn ich schon einmal in Italien bin, muss man mir das hinterher doch ansehen.» Ich fragte, warum sie ihre Hände so komisch halte. Mathilde, die ihr Leben lang auf dem Hof gearbeitet hatte, fand die Frage offensichtlich überraschend. «Wie sollen die Leute denn sonst merken, dass ich in Urlaub war? Auf der Oberseite der Arme werden auch die Bauern braun.» Ich hatte mir über die subtilen, aber essentiellen Unterschiede zwischen Arbeitsbraun und Ferienbraun noch keine Gedanken gemacht. Aber Mathilde hatte natürlich völlig recht. Kein Soziologe hätte die Feinheiten unseres Bräunungsfimmels präziser auf den Punkt bringen können. Nur nahtloses Rundumbraun vermittelt jenes luxuriöse Flair, das die Umwelt vermuten lassen soll, unserer Musse unter Palmen seien keine Grenzen gesetzt.

Nein, falsch. Das mit dem luxuriösen Flair war einmal. Es galt bis in die sechziger Jahre, als Kleinverdiener am Ende der Sommerferien geröstet aus Jesolo zurückkehrten und nur die wirklich Reichen im November gebräunt von den Bahamas heimkamen. Inzwischen ist der Sondertarif für sieben Tage Florida im Winter günstiger als ein Wochenende in Bad Ragaz, und braun wird man schon für fünf Franken im Solarium. Aber trotz volksnaher Tarife gilt dauergesonnte Haut unverändert als Erfolgsausweis. Den Beweis erbringt jedes Kadermeeting: Weisse Gesichter sind dort seltener als schwarze Nagelränder.

Nun sind Kaderleute in der Regel knochenhart arbeitende Menschen, die null Interesse haben, dass man sie für unter Palmen liegende Müssiggänger hält. Dass sie dennoch braun sein müssen, liegt an einem ziemlich perversen Wertewandel, der teintmässig seit einigen Jahren stattgefunden hat. Inzwischen signalisiert Sonnenbräune nicht mehr süsses Nichtstun, sondern genau das Gegenteil: Disziplin und Effizienz. Der disziplinierte Karrieremensch, sagt uns das Kaderbraun, hängt sich nach einem Zehnstundentag eben nicht chipsknabbernd wie wir vor den Fernseher, sondern joggt nach Hause und organisiert dort das sportive Wochenende in den Alpen oder in Portofino, von dem er dann gebräunt und fit in den Arbeitsalltag zurückkehrt. In Wahrheit tut er das zwar selten; meist löffelt er lediglich auf der Fahrt zum Sonnenstudio sein Magerjoghurt. Aber selbst das wollen wir gerne als aufmerksame Imagepflege würdigen. Nur der Zusammenhang mit Disziplin und Effizienz bleibt uns ziemlich schleierhaft. Meine Herren, stufen wir die forcierte Pigmentierung doch wieder auf das zurück, was sie ist: brennende Eitelkeit.

Ungeteilte Vorfreude

Vorfreude ist eine unbändige Freude. «Schau, zwischen dem Hotel und dem Strand hat es ein Pinienwäldchen,» sagt die Frau begeistert und schwenkt den Ferienprospekt, «das duftet bestimmt ganz wahnsinnig. Wir müssen unbedingt die Kühltasche einpacken. Dann können wir dort picknicken, wenn es im Sand zu heiss wird.» Aufgeregt überlegt sie, was sie unter den südlichen Pinien ausbreiten wird: eisgekühlten Frascati, die Scampi vom Fischer, die so frisch sind, dass man sie roh essen kann, Tomaten mit frischem Basilikum. Und die herrlichen Mozzarelle, die gar nicht zu vergleichen sind mit den saftlosen Gummibällchen, die hierzulande unter diesem Namen verkauft werden. Die Frau strahlt und stösst glückliche Gluckser aus. Der Mann faltet wortlos seinen weissen Sonnenhut und legt ihn in den Koffer.
«Sag einmal, freust du dich eigentlich auch so wie ich?» fragt die Frau, plötzlich irritiert von seinem Schweigen. Die Frage ist nicht ganz wertfrei. «Mmh», sagt der Mann, «sollen wir die Boccia-Kugeln wirklich mitschleppen?» Augenblicklich wird ihm bewusst, dass seine Reaktion taktisch sehr ungeschickt war. Zu spät. «Herrgott», ruft die Frau, «kannst du dich denn auf überhaupt nichts freuen? Fährt morgen nach Apulien in die Ferien und macht ein Gesicht, als sei er seit drei Wochen verstopft. Was muss eigentlich passieren, damit du einmal einen Luftsprung machst?»
Der Mann klappt die Ohren zu. Er kennt die Vorwürfe, und er kann sie nicht ausstehen, weil sie ihn völlig ratlos machen. Warum lässt sie ihn nicht in Ruhe packen und an Naheliegendes wie Schutzbrief und Ersatzbadehosen denken, während sie imaginäre Picknicks zusammenstellt. Hat er sich denn über ihre Vorfreude

ereifert? Hat er etwa gesagt, dass ihr duftendes Pinienwäldchen vermutlich von knatternden Vespas verpestet ist, und dass neunzig Prozent der in Italien verzehrten Scampi tiefgefroren aus Afrika eingeflogen werden? Nein, den Mund hat er gehalten und gestaunt, wie kindlich sie sich vorfreuen kann.

Sicher, wenn es sich dann vor Ort herausstellt, dass die Mozzarella wirklich gut ist, wird sie ihm auch schmecken. Aber warum zum Teufel sollte ihm jetzt schon das Wasser im Mund zusammenlaufen? Vielleicht gibt es dort nicht einmal einen Käseladen. Er hat ohnehin nicht so viel vorauseilende Phantasie. Ihm fallen die Dinge eher rückblickend ein. Was er seinem Chef hätte sagen sollen, als das mit der Beförderung nicht klappte, hat er sich im nachhinein bis ins kleinste ausgemalt. Aber wenn die Frau ihm mit seinen mangelnden Luftsprüngen kommt, könnte er die Wände hochgehen. Was will sie eigentlich von ihm?

Sie will, dass er zappelt vor vorfreudiger Wonne. Wie sie. Denn das einzige, was sie sich bei aller Phantasie nicht vorstellen kann, ist, dass er diesbezüglich keine hat. Also muss er gefühlskalt sein. Vielleicht hat er auch gar keine Lust, mit ihr nach Apulien zu fahren. Gerade gestern hat er wieder vom Wallis geschwärmt. Natürlich, das ist der Grund! Wieso ums Himmels Willen erzählt er ihr nie, was er wirklich möchte?

«Du hättest gleich sagen können, dass du lieber klettern gehen willst», sagt die Frau verzweifelt. Der Mann starrt sie mit offenem Mund an.

Zapperphilipp

Zu den Dingen die der Mann gerne in die Hand nimmt, gehört die Fernbedienung des häuslichen TV-Geräts. Das scheint nicht weiter erwähnenswert, denn ob Mann, Frau oder Kind auf die Knöpfe drückt, der Effekt auf dem Bildschirm ist stets derselbe: Es kommt ein neues Programm. Und dann noch eins. Und dann vielleicht ein drittes, das einem endlich gefällt. Warum also sollte man dem Mann das Zappen nicht überlassen, wo es ihm doch soviel Freude macht?
Alle Frauen, die einen Mann und eine Fernbedienung haben, kennen die Antwort: weil er einen schwindlig zappt. Statt bedächtig von Sender zu Sender zu wechseln und kurz ins Angebot zu schauen und zu horchen, jagt er wie ein Wilder durch den Äther, respektive durchs Kabel. «Halt», schreit die Frau, «das war doch die Schreinemakers. Lass einmal sehen.» Er ist schon vier Kanäle weiter, lässt nicht sehen, sondern knurrt etwas von Mundwerken wie Maschinenpistolen. «Stop», ruft die Frau wieder, denn jetzt hat er gerade Harrison Ford weggedrückt, der eine Frau küssen wollte. Wer war die Glückliche? Schmonzes, sieht man doch gleich, murmelt der Mann und hastet weiter durchs Programm. Streit im Schloss? Zap! Menschen vor Gericht? Zap! Traumhochzeit? Zap! Da, endlich, ein Eishockeymatch. Der Zapper ist am Ziel.
Verblüffend am männlichen Zappen ist zweierlei: Erstens die Schnelligkeit, mit welcher der Sehenswert eines Programms erfasst wird. Die Frau hat kaum begriffen, was da auf dem Bildschirm flimmert, da weiss der Mann bereits, dass es ein Quatsch ist. Und dann die Entschiedenheit, mit der er gewisse Sendungen wegzappt. In der Regel handelt es sich dabei um Talk-Shows und alles, was im Entferntesten mit Liebesglück

oder Beziehungsproblemen zu tun hat. Das kommt ihm nicht auf den Schirm.

Irgend etwas daran kommt der Frau bekannt vor. Ist es möglich, dass er sich mit ganz ähnlichen Kriterien durchs Leben zappt? Ein Blick, und sein Urteil steht. Zumindest bis morgen, wo er ohne Zögern das Gegenteil behaupten wird. Hauptsache, es muss nicht lange hin- und hergeredet und vor allem zugehört werden. Auch das mit den weggedrückten Liebesszenen erinnert die Frau doch sehr stark ans richtige Leben. Dabei war er doch früher ganz anders. Warum ist ihm heute der Puck wichtiger als der Paarlauf?

Schatz, sagt der Mann mit milder Nachsicht, als der Schiedsrichter den Eishockeymatch abgepfiffen hat, musst du denn jeden Blödsinn überinterpretieren?

Das Zwiebelchen und der Siegertyp

Es gibt Sätze, die gehen einem nicht mehr aus dem Kopf. Das können mitunter sehr bedeutungsvolle Worte sein, aber in der Regel setzen sich vor allem Albernheiten wie «Ich bin ein kleines Zwiebelchen und nehm' mir das nicht übelchen» unverrückbar im Gedächtnis fest. Wieso belastet der Mensch sein Erinnerungsvermögen mit derartigem Unsinn? Wieso vergisst er Goethes «Erlkönig» und merkt sich dafür «Hattu Haschisch in den Taschen, hattu immer was zu naschen»?

Einen besonders läppischen Satz, der mir unvergesslich ist, sagte die weiss Gott nicht blöde Romy Schneider in einem Interview vor etwa fünfzehn Jahren. Gefragt, welche Art von Männern sie anziehend finde, antwortete die Schauspielerin, die beim Film sehr viel mehr Glück hatte als im Privatleben: «Ich liebe Siegertypen.» Siegertypen! Der Ausdruck irritierte mich ziemlich. Wie konnte eine so tolle Frau nur etwas so Dummes sagen? Als würde jemals eine Frau auf irgendwelche Erfolgsbilanzen schielen, bevor sie sich verliebt.

Leider fiel mir danach – der Satz klebte so zäh in meinem Hirn wie ein Kaugummi unter der Tischplatte – mindestens einmal am Tag auf, dass Romy Schneider durchaus kein Einzelfall, sondern ich diesbezüglich ein Blindfisch war. Denn in Wahrheit gibt es ziemlich viele Frauen, die ganz gickerig werden, wenn ein Erfolgsmensch auftaucht. Ich meine nicht den eigenen Chef oder Firmenbesitzer. Dass Frauen beim Arbeitgeber – genau wie Männer – möglichst vorteilhaft zu wirken versuchen, scheint mir ebenso verständlich wie legitim, zumal in Zeiten der Rezession. Was aber löst in manchen Frauen dieses leicht fiebrige Gehabe und die hingerissenen Blicke aus, wenn ein bekannterweise vermögender oder einflussreicher Mann sich an den Tisch setzt? Die Hoffnung auf Zugang zu seinem Konto? Wer auch nur einen Erfolgsmann kennt, müsste eigentlich wissen, dass er in dieser Hinsicht deutlich zugeknöpfter ist als der Durchschnittsverdiener. Zeit hat er ohnehin nur selten, denn mit einer 40-Stunden-Woche wird man kein Überflieger. Und auch wer sein Geld ererbt hat, tut sich mit lustvoller Musse offensichtlich nicht leicht. Dass der Millionenerbe Gunther Sachs allein deswegen weltberühmt wurde, weil er gut feiern kann, lässt ahnen, dass es eine seltene Kunst ist, im Dauerfreizeit-Hemd ein Siegertyp zu bleiben.

Was die übrigen 99,99 Prozent der Siegertypen – in der Regel hart arbeitende Krawattenträger – so attraktiv macht, dass manche Frauen sie gleich als Kategorie lieben, blieb mir bei aller Sympathie für Romy Schneider unzugänglich. Sicher, Macht macht erotisch. Das haben uns die Yuppies eben ein prickelndes Jahrzehnt lang vorgeführt. Aber glücklicherweise war es nie so, dass keine Macht unerotisch macht. Und unkomisch schon gar nicht. Oder kann jemand unter den Marx Brothers, den Chaplins, Karl Valentins, Coluches oder Emils einen Siegertyp ausmachen?

Das Grumello-Syndrom

Grumello heist ein Bettler in Conrad Ferdinand Meyers «Bettlerballade», der dem König seinen zerschlissenen Mantel und seinen löchrigen Hut leiht, damit dieser unerkannt fliehen kann. Obwohl meine Familie literarisch nicht besonders ehrgeizig war, blieb der Name an meinem Vater kleben. Denn sobald er von der Arbeit zurückkam, zerrte er sich die Krawatte und seine ordentliche Tageshose vom Leib und zog statt dessen ein verschlissenes, farblich nicht mehr bestimmbares Beinkleid mit furchtbar ausgebeulten Knien an. Nachdem meine Mutter lange vergeblich gegen den väterlichen Freizeit-Look protestiert hatte, warf sie die Hose eines Morgens in den Mistkübel. Die Reaktion meines Vaters übertraf alle Befürchtungen. Ich weiss nicht mehr im einzelnen, was er meiner Mutter alles vorwarf, aber dass er ernsthaft erwog, sich wegen der nicht mehr vorhandenen Bettlerhose scheiden zu lassen, ist mir unvergesslich.
Leider ist das Grumello-Syndrom weit verbreitet. Es hat verschiedene Erscheinungsformen und tritt meist erst auf, wenn die Liebe bereits relativ konsolidiert ist und nicht mehr wegen Nichtigkeiten wie Schlabberhosen oder löchrigen Bettsocken in Frage gestellt wird. Es ist, und das macht den Umgang damit so heikel, geradezu ein Liebesbeweis. Kein Verliebter empfängt im ausgeleierten Trainer, im zerschlissenen Mickey-Mouse-T-Shirt oder in Hüttenfinken. Keine Verliebte legt in seinem Beisein eine Gurkenmaske auf oder nimmt ein hornhauterweichendes Fussbad. Von der Abgabe unziemlicher Körpergeräusche ganz zu schweigen; solche Vertrautheitsäusserungen wagt man erst im fortgeschrittenen Stadium der Zuneigung. Dann aber mit Nachdruck.

Die meisten Manifestationen des Grumello-Syndroms sind glücklicherweise erträglich, wenn nicht sogar beglückend. Liebevoll streift das weibliche Auge über seine stachligen Fussballerwaden, wenn er in seinen Lieblingsbermudas auf dem Sofa lümmelt. Amüsiert betrachtet er die wäscheklammerartige Plastikspange, mit der sie das Haar auf dem Oberkopf zusammenzwirbelt, kaum ist sie nach Hause gekommen; obwohl sie ihn an einen Pudel mit Schlaufe erinnert, stimmt ihn der Anblick zärtlich. Aber dann gibt es da immer auch so ein, zwei Sachen, die sich der geliebte Mensch mit der Zeit erlaubt, von denen man nicht ganz sicher ist, ob sie der Zuneigung tatsächlich förderlich sind. Als mein Liebster auf die Idee mit dem Duschhäubchen verfiel, war ich ziemlich entgeistert. Aber es ist nichts zu machen, denn das Duschhäubchen, sagt er, sei sehr praktisch, und ich müsse ihm ja nicht beim Duschen zusehen.

Bernard-Henri Lévy, Frankreichs eitelster Philosoph, behauptet, ein Paar, das sich soweit gehenlasse, gleichzeitig das Badezimmer zu benutzen, könne sich auch sofort scheiden lassen. Mit andern Worten: Das Grumello-Syndrom sei ein Liebestöter. Mir scheint das eine kreuzdumme Feststellung. Philosoph hin oder her, dieser Mann hat keine Ahnung, wie einem so ein Duschhäubchen ans Herz wachsen kann.

Schwobe

Die neue Mitschülerin sprach hochdeutsch und hiess Klementine Wilken, was wir zum Schreien fanden. Klementine! Als unser Klassenlehrer hereinkam, stand sie auf, streckte ihm die Hand entgegen und machte einen Knicks. Die ganze Klasse brüllte los vor Lachen. Wir waren im Durchschnitt elf Jahre alt. Wenig später, als meine Schwester und ich die ersten Schulschätze nach Hause schleppten, nahm unser ansonsten äusserst grosszügiger Vater uns zur Seite und sagte: «Dängget dra, bringet mer kei Schwob heim.» Wir sahen uns kichernd an: Wo sollten wir Schwobe kennenlernen? Der Grenzübergang nach Deutschland wird von den meisten Baslern derart strikt ignoriert, dass ich erst mit achtzehn entdeckte, wo es nach Weil am Rhein geht.
Die Schwobe-Hasserei ist keine Schwäche meines Vaters. Oder der Basler, die so nah am grossen Kanton wohnen. Oder der Aktivdienst-Generation. Der Zufall der späten Geburt hindert die jüngeren Schweizer mitnichten, ihre Abneigung gegen die Deutschen weiterzupflegen. Schliesslich ist der Schwob kein armer Tamile, den wir anlächeln müssen, damit er uns von den Fremdenhassern unterscheiden kann. Der Schwob ist ein arrogantes Wesen, das viel zu schnell hochdeutsch spricht, den Akkusativ nie mit dem Nominativ verwechselt und in den wenigen Fällen, wo es nicht redet, auf der Lichthupe steht. Er sagt grinsend Frenkli und Verhüterli, was uns wie Gartenzwerge dastehen lässt. Daraus erwächst uns ein Anrecht auf unseren Zorn, geradezu eine Pflicht. Charakter ist, von unten nach oben zu hassen, nicht umgekehrt.
Und oben sind nun einmal nicht wir. Wir kennen alle Harald Schmidt, aber fragen Sie einmal einen Berliner,

wer Kurt Aeschbacher ist. Kurt Felix, gut, den kannten die Deutschen auch, aber fühlten Sie sich von Kurt Felix repräsentiert? Der zur Zeit in Deutschland berühmteste Schweizer ist Joseph Blatter von der Fifa, und der spricht noch langsamer hochdeutsch als die Deutschen, wenn sie uns nachäffen. Wie soll man da den Schwobe gegenüber gelassen bleiben?
Ich habe zwei deutsche Freundinnen, die beide in der Schweiz leben und mehr oder weniger täglich angepöbelt werden, weil sie Deutsche sind. Eine von ihnen zieht jetzt in die Welschschweiz, weil sie die Feindseligkeiten der Deutschschweizer nicht mehr aushält. «Mit zwanzig», sagt sie, «habe ich gedacht, es sei wegen Hitler, und dagegen konnte ich nichts erwidern. Aber es ist nicht wegen Hitler, sondern nur wegen der Sprache. Vielleicht hättet ihr weniger Komplexe, wenn ihr in der Schule anständig Hochdeutsch lernen würdet.» Die andere Freundin hat mich gestern angerufen, nachdem sie von einem Spaziergang zurückkam. Sie hatte ihre Füsse auf der Ecke einer Parkbank hochgelagert, worauf ein Rentner sie scharf zurechtwies. Ihre hochdeutsche Antwort quittierte er mit einem mehrfachen «Schwobe-Dräcksau!». Von unten nach oben.

Jagdszenen aus dem Mittelland

Im September 1991 verkündigen die Rentnerin Edith G. und der Angestellte Mohamad A. per Aushang der Gemeinde Staufen AG, dass sie zu heiraten beabsichtigen. Von den 2250 Dorfeinwohnern erheben 31 gegen die geplante Vermählung Einspruch, obwohl sie mit keinem der beiden Brautleute verwandt sind oder drohende Bigamie nachweisen können. Einspruch erhebt überdies der gesamte Gemeinderat. Denn die Staufner wittern eklatanten Rechtsmissbrauch: Mohamad A. ist libanesischer Asylbewerber, seine zukünftige Frau Schweizerin. Vor allem aber ist Mohamad A. ein gutaussehender Mann von 24 Jahren und Edith G. eine 75jährige Pensionärin. Also handelt es sich entweder um tückische Erschleichung einer Aufenthaltsbewilligung durch einen Ausländer oder, falls tatsächlich irgendeine Form von ehewürdiger Zuneigung vorhanden sein sollte, um ekelerregende Abartigkeit. Beiden Eventualitäten muss entgegengetreten werden.

Das Paar, das bereits seit eineinhalb Jahren im gleichen Haus wohnt, erklärt Nichtanerkennung der Einsprüche, worauf der Gemeinderat und immerhin noch 13 entschlossene Staufner, darunter mehrere Rentnerinnen und Nachbarn von Edith G., beim Bezirksgericht von Lenzburg Klage gegen die Vermählung einreichen. Die Hochzeit muss aufgeschoben werden. Mohamad A., dessen Asylgesuch abgelehnt worden ist, kehrt in den Libanon zurück. Edith G., nicht bei guter Gesundheit, bleibt allein in Staufen. Im Oktober 1992 gibt das Bezirksgericht Lenzburg den Klägern recht.

Was Edith G. nach dem Sieg des gesunden Volksempfindens widerfährt, wenn sie sich auf der Strasse zeigt, ist nach Aussage ihres Verteidigers erschreckend. Obwohl sie von der AHV lebt und die Anwaltskosten beträchtlich sind, überzeugt er sie, den Fall an das Obergericht des Kantons Aargau weiterzuziehen. Im Januar 1994 wird das Urteil vom Obergericht aufgehoben. «Frau (77) darf Libanesen (26) heiraten», schreibt das «Aargauer Tagblatt». Vier Wörter und zwei Klammern: Kürzer kann kein Boulevardblatt niedermachen. Die 13 Kläger müssen die Gerichtskosten bezahlen, 1400 Franken pro Kopf, weil sie nach Ansicht des Obergerichts keinerlei gesetzlich geschütztes Interesse für ihre Klage hatten. Der Gemeinderat war zwar an sich zur Klage legitimiert, aber der behauptete Missbrauch der Institution Ehe sei im Gesetz gar nicht vorgesehen.

Noch ist offen, ob die 13 Staufner das Urteil an das Bundesgericht weiterziehen wollen. Wahrscheinlich werden sie aus Kostengründen verzichten. 1400 Franken Verlust, wo lediglich der Perversion ein Riegel vorgeschoben werden sollte, sind ein harter Brocken. Und die Möglichkeit, dass das Bundesgericht gar nicht auf die Klage eingeht, ist gross. Der Gemeinderat seinerseits wird vermutlich keine Steuergelder riskieren, um das Glück von Frau (77) mit Libanesen (26) zu verhindern. Es ist also wahrscheinlich, dass Edith G. und Mohamad A., die immer noch ein Ehepaar werden wollen, bald heiraten können. Eher unwahrscheinlich ist, dass man sie danach in Frieden lässt.

Nach Angaben des Statistischen Amtes leben in der Schweiz über tausend mit Schweizern verehelichte Asiatinnen. Viele von ihnen wurden per Katalog gekauft und von ihren helvetischen Käufern anschliessend in der Schweiz geheiratet. Die Altersunterschiede zwischen dem Erwerber und der Erworbenen sind häufig beträchtlich. Klagen von Mitbürgern liegen keine vor.

Umzug

Die wichtigsten Dinge im Leben sind nach gängiger Meinung: auf die Welt kommen, heiraten, Kinder kriegen und sterben. Bei allem Respekt vor dem Volksmund glaube ich, dass in dieser Liste ein Element fehlt, das unser Dasein mindestens so fundamental prägt wie zum Beispiel eine Hochzeit und ausserdem nicht mehr zu annullieren ist: der Umzug. Gegen die Emotionsflut, die beim Umzug über einem zusammenschlägt, ist das Jawort ein Schaumkrönchen.
Es fängt bei der Wahl des mitzuschleppenden Gutes an. Sie erfolgt keineswegs nur nach ästhetischen oder praktischen Gesichtspunkten und wirft brutal auf die gern verdrängte Tatsache zurück, dass der Mann und die Frau, bevor sie ein Herz und eine Seele wurden, bereits ein Vorleben hatten. «Endlich können wir diesen angeknabberten Korbsessel auf den Müll werfen», sagt er fröhlich. Sie erstarrt. Ist er wahnsinnig geworden? Der Stuhl war schon ihr Lieblingsplatz, als er noch kurze Hosen trug. In dem knarrenden Holzgeflecht sitzen mehr Erinnerungen als in seiner ganzen Sammlung verkratzter Schallplatten. Apropos: Wie lange will er die unsäglichen Schnulzen von Bobby Solo und José Feliciano, zu denen er mit wer weiss wem Händchen gehalten hat, noch aufbewahren? Und das alberne Naturholz-Stehpult, an dem er nie steht? «Was passt dir an dem Stehpult nicht?» fragt er argwöhnisch. «Als wir uns kennenlernten, warst du begeistert davon.» Sie verkneift sich eine Antwort über verflogene Begeisterungen im allgemeinen und öffnet eine Kartonkiste.
«Halt!» ruft er, «das Einpacken übernehme ich. Du bist zu unsystematisch.» Frauen können möglicherweise Kleider in eine Reisetasche schichten. Aber wo es um ein logisches Auf- und Nebeneinanderlegen fester

Gegenstände unter Vermeidung von Hohlraumgefahr geht, sind sie überfordert. Das sieht man schon daran, wie planlos sie Einkaufstaschen oder den Kofferraum des Autos vollrammen, wenn man sie nicht rechtzeitig daran hindert. Er stellt die Kiste vors Büchergestell. «Sollen wir Marx mitnehmen oder verschenken?» Sie weiss niemanden, der sich über das Geschenk freuen würde. Er auch nicht. Die Ratlosigkeit führt zu einem ausgedehnten nostalgischen Diskurs, der in der Erkenntnis gipfelt, dass sie statt ins Einfamilienhäuschen im Grünen besser in eine Wohngemeinschaft ziehen sollten. Sie weint und will den Mietvertrag rückgängig machen. Er betrachtet die halbausgeräumte Wohnung und findet sie schön wie nie.

Sie ziehen ins Einfamilienhäuschen. Die Frau verstaut Marx im Keller und rückt ihren Korbsessel und sein Stehpult begeistert von einer Ecke in die andere. Alles gefällt ihr, sogar die Thuja-Hecke im Garten. Der Mann sitzt entwurzelt am neuen Küchentisch und fühlt sich verloren. Nichts hat mehr seinen angestammten Platz, er schon gar nicht. Er flucht über die Nachbarn, die dauernd ihre Autos waschen, über den schlechten Fernsehempfang und die laute Klospülung. Nach zwei Monaten Genörgel will sich die Frau von ihm trennen. Nach weiteren zwei nimmt er erstmals seit dem Umzug den Bohrer hervor, um den Spiegel im Gang endlich richtig einzudübeln. Sie atmet auf: Er will wieder Spuren hinterlassen. Der Alptraum ist vorbei.

Das Poulet

Wo Haar ist, ist Freud', sagte Herr Breitenmoser, der unser Nachbar war. Bei welcher Gelegenheit er das sagte, weiss ich nicht mehr, aber der Spruch beschäftigte mich sehr. Ich war gerade gross genug, um zu verstehen, dass er nicht die Frisur seiner Frau meinte, aber welche Haare sonst Freude machen könnten, war mir ein Rätsel. Als ich dann so alt war, Herrn Breitenmosers Satz in seiner ganzen fröhlichen Tragweite zu erfassen, war er leider schon hoffnungslos überholt. Denn inzwischen war das Frauenhaar, das nicht auf der Kopfhaut wächst, vom erotischen Signal zum unästhetischen Wildwuchs mutiert. Wo Härchen sind, ist keine Freude mehr, sondern pfui.

Elenderweise wachsen an einem normalen Frauenkörper Zehntausende dieser ungefreuten Härchen, und mit fortschreitendem Alter spriessen sie immer energischer. Also sind wir ständig am Rupfen, Rasieren, Epilieren und Depilieren. Irgendwann genügte es noch, die Haare an den Beinen zu entfernen, weil sie unter hellen Strümpfen dunkle Schatten warfen. Dann hatten auch die Achselhöhlen der gepflegten Frau kahl zu sein. Ausserdem musste jeder Ansatz von weiblichem Oberlippenflaum verschwinden. Vorbei die Zeiten, als er bei unseren Männern als rassig galt und die Italiener von der «donna baffuta, donna piaciuta» schwärmten, der Frau mit dem Schnäuzchen, die allen gefiel. Heute wird selbst der behaarte Frauenunterarm mit hochgezogener Braue beäugt.

Gar nicht zu reden von versteckteren haarigen Stellen, die erst bei Eröffnung der Freibäder ans Licht kämen, aber gerade dies keineswegs dürfen. Zarter weiblicher Rückenflaum? Igitt. Der schmale Haarstreifen, der vom Bauchnabel abwärts führt? Hochnotpeinlich. Am untragbarsten aber sind Schamhaare, die ungestümer wachsen als der Badeanzug unten breit ist. Irgend etwas muss mit unserer Sexualität schiefgelaufen sein, dass selbst diese munteren Kringel, einst Auslöser wilder erotischer Sehnsüchte und Phantasien, nur noch düpierten Widerwillen erregen. Aber das ist eine andere Geschichte. «Depilieren wir auch die Bikini-Zone?» fragt die Kosmetikerin spätestens dann, wenn der Frühling Sommertemperaturen erreicht. Selbstverständlich, wir depilieren auch die Bikini-Zone. Lieber dauerhaft rote Punkte zwischen den Oberschenkeln als ein überbordendes Dreieck, das allenfalls noch als ästhetische Schlamperei aufregt.

Es gibt Frauen, die sich dem kahlen Zeitgeist zum Trotz nie ein Härchen ausreissen würden. Das ist kühn und selbstbewusst, aber heute nur noch begrenzt eine Augenweide. Denn leider ist der Mensch, was seine Schönheitskriterien betrifft, ein Herdentier. Ob Männerohrring oder Leggins, Swatch oder enthaarte Frauenkörper – was bei der Masse durchsetzungsfähig ist, hält er früher oder später für schön. Grandiose Ausnahme war mein Freund Omero, der von seiner Begeisterung für allerorts wucherndes Frauenhaar auch dann nicht abrückte, als Damenrasierer und Enthaarungscrème längst zur Grundausstattung im weiblichen Nécessaire gehörten. Omeros Freundin Sara war Amerikanerin und folglich besonders gründlich depiliert. Nachdem er sie monatelang vergeblich bekniet hatte, die lustfeindliche Enthaarerei zu lassen, schritt er zur Tat. Vor dem ersten Sommerausflug ans Meer rasierte er sich Brust und Bauch, Arme und Beine kahl. Selbst den von ihr geliebten Schnurrbart scherte er weg. «Um Gottes Willen, du siehst aus wie ein Poulet!» schrie Sara entsetzt, als er abgelegt hatte, «Ich?» fragte Omero ungerührt.

Sara hatte sich nie mehr ein Härchen gerupft.

Langeweile

Wie viele Menschen lese ich fürs Leben gerne Ratgeber. Nicht «Richtig dübeln» oder andere praxisnahe Werke, sondern jene weisen Handbücher fürs Leben zu zweit, bei denen man fortwährend nickt, ohne wirklich etwas zu begreifen. Oder wissen Sie, was beispielsweise meine frisch angelesene Erkenntnis bedeutet, eine tragfähige Liebesbeziehung bestehe aus einem Drittel Liebe, einem Drittel Sexualität und einem Drittel Intimität? Ich habe keine Ahnung, wer eine so verknubbelte Gefühlssache jemals zuverlässig dritteln könnte. Wie soll man also herausfinden, ob man ausgewogen liebt?

Vor allem aber besteht so ein Liebesleben in der Regel noch aus einem schnöden vierten Drittel. Nehmen wir eine banale Situation. Mann und Frau sitzen im Restaurant und warten auf den Kellner. Die Frau rühmt die Tischdekoration, weist auf die interessanten Stiche an der Wand und bemitleidet das gestresste Servierpersonal. Der Mann sieht sie schweigend an und fragt sich, warum sie immer alles kommentieren muss, was ihr vor die Augen kommt. Sie überlegt, ob er wohl von Natur aus blind ist für seine Umgebung, oder ob es ihn einfach zu sehr anstrengt, den Mund aufzumachen.

Da es sich bei den beiden um ein sturmerprobtes Paar handelt, müsste ihr Tun laut Ratgeber in irgendeinem Drittel anzusiedeln sein. Aber es beschwingt sie weder Liebe noch Intimität, von Erotik gar nicht zu reden. Die zwei langweilen sich ganz einfach miteinander. Die eine laut, der andere leise.

Die unleugbare Tatsache, dass man sich gelegentlich mit dem geliebten Menschen empfindlich langweilt, wird von Ratgebern geflissentlich ignoriert. Dabei bräuchten wir gerade da dringend Rat. Ist es etwa eine seelische Bagatelle, bisweilen innerlich zu gähnen, wenn man sich nichtssagend gegenübersitzt? Mitnichten, meine Damen und Herren Ratgeber. Vor allem dann nicht, wenn die Langeweile an der Öffentlichkeit zu Tage tritt. Zu Hause schnappt man sich eine Zeitung oder zappt im Fernsehprogramm herum, wenn einem zueinander nichts einfällt. Draussen hingegen wirken zwei Menschen, die sich momentan nichts zu sagen haben, wie ein Ehepaar aus dem Witzblatt. Und so fühlen sie sich auch. Nie sehen Paare so betreten weg wie im Lokal, wenn ein Blick vom Nachbartisch sie beim Schweigen ertappt.

Um dem vorzubeugen, beginnen Frauen in solchen Momenten oft wie wild zu reden. Angestrengt versuchen sie, irgendeinen Dialog zustande zu kriegen. Notfalls lesen sie die Speisekarte vor. Männer sind da gelassener. Ein Freund von mir behauptet, das liege daran, dass Männer sich ihrer Gefühle auch bei Funkstille sicher seien. Frauen hingegen geraten seiner Meinung nach sofort in Panik, wenn man sie emotional nicht ständig unter Strom hält, sprich: ihnen Aufmerksamkeit widmet. Das Wort Panik scheint mir etwas hoch gegriffen, trotzdem ist da möglicherweise etwas dran. Aber wenn die Männer das wissen, warum lassen sie dann die Frauen um Worte ringen, statt den panikstoppenden Redestrom in Gang zu setzen? Der Freund zuckte die Achseln. Die Frage schien ihn ziemlich zu langweilen.

Jurassic Park

Die Schweizer wollen keine Blauhelme und keinen Kulturartikel. Die Österreicher gehen in die EU. Ein Viertel der Römer hat faschistisch gewählt. Oder postfaschistisch, je nach Sprachregelung. Auf jeden Fall war der letzte Wahlsonntag ergebnismässig wieder einmal ein Desaster. Dreimal Ja eingelegt, dann nach Rom gefahren und Daumen gedrückt. Alles umsonst. Die italienischen Freunde möchten am liebsten aus Berlusconiland auswandern, die Lieben aus der Heimat zetern am Telefon, wir sollten die Schweiz einzäunen und Eintritt verlangen für den ersten politischen Jurassic Park. Frust, wohin man hört.
Nein, ich will Sie nicht mit einem verspäteten Politkommentar langweilen. Ich würde gerne etwas anderes fragen. Falls Sie auch zu denen gehören, die mit schöner Regelmässigkeit überstimmt werden oder, um das zu vermeiden, schon gar keine Wahllokale mehr aufsuchen: Wie fühlen Sie sich als ewiger Minderheitenrepräsentant, als kontinuierlich Geschlagene? Aufrecht und stolz oder unbeirrbar, aber resigniert? Oder manchmal gänzlich neben den Schuhen?
Dass man mit zwanzig nicht zur schweigenden, aber stimmenden Mehrheit gehört, ist relativ leicht zu verkraften, weil man da ohnehin nicht zu den Alten über dreissig zählen will. Früher hiess es, jeder normale Mensch sei mit zwanzig Kommunist gewesen. Das ist inzwischen überholt, aber wertkonservativ – oder wie immer man die traditionell überwiegende Haltung im Land nennen will – sind Junge nach wie vor eher selten. Auch mit dreissig nagt die Niederlage an der Urne noch nicht schmerzhaft. Denn bei den Unterlegenen zu sein, gibt ein tröstliches Gefühl von Überlegenheit, auch wenn sie praktisch nicht zum Tragen

kommt. Das amerikanische Kino hat den ewigen Verlierern Meilen von Zelluloid gewidmet, und jeder halbwegs empfängliche Mensch hat den Mythos vom Beautiful Loser gierig aufgesaugt. Kommt hinzu, dass es bei den Verlierern im Kino meistens romantischer und im richtigen Leben meistens lustiger zugeht als bei den Gewinnern.

Irgendwann um die vierzig gerät einem allerdings die Romantik ins Wackeln, zumindest die politische. Vor allem dann, wenn man entgegen den minoritären Gewohnheiten Seite an Seite mit den Bundesräten gestimmt hat, die nun weiss Gott niemand im Lager der Beautiful Losers ansiedelt, auch wenn sie sich immer mehr in diese Richtung bewegen. Abgehärtete Pessimisten können sich auch in fortgeschrittenem Alter mit scharfen Analysen darüber hinwegretten, dass sie einmal mehr gedeckelt wurden. Aber bei den meisten Leuten, die ich kenne, schleicht sich mit den Jahren eine immer bohrendere Verzagtheit ein.

Wären wir wenigstens hitzköpfig geblieben! Nein, gnadenlos vernünftig sind wir geworden, abwägend, realpolitisch, aus welcher Ecke immer wir kommen. Umsonst, wir sind nicht mehrheitsfähig. Macht auch nichts. Wenn nur dieses lausige und gänzlich undemokratische Gefühl nicht wäre, sich mit jedem verpassten Stimmenmehr ein bisschen weniger heimisch zu fühlen.

Der Röntgenblick

Verliebte gehen zehn Zentimeter über dem Boden und antworten auf die Frage, wie denn die neue Liebe sei, einhellig mit leicht belämmertem Lächeln: «So, als hätten wir uns immer schon gekannt.» Sie berichten von innigen Seelenverwandschaften und von wortlosen Blicken, die ganze Lebensgeschichten erzählen. Auf irgendwelche erdverbundene Argumente sind sie nicht ansprechbar. Eine Freundin von mir konnte den kurzlebigen Liebeszauber schlecht mitansehen. «Junge Liebe – zum Kotzen», sagte sie jedesmal ungerührt, wenn ihr ein völlig in sich versunkenes Paar begegnete.
Da es etliche Männer gibt, von denen auch sie einmal glaubte, sie hätte sie immer schon gekannt, fand ich das Urteil reichlich forsch. Wusste sie denn, ob es sie nicht jederzeit wieder treffen konnte, mit irgendeiner jähen Seelenverwandtschaft? Sie würde genauso belämmert lächeln wie alle, denn so eine Seelenverwandtschaft schlaucht die Sinne. Früher vielleicht, sagte sie, aber nicht mehr mit vierzig.
Dann kam ein Freund und zerredete mir die Seelenverwandtschaft. Nicht, indem er mir irgendwelche chemischen Körperprozesse erklärte, die wir für Liebe halten, sondern indem er ganz einfach fragte, warum sich Frauen eigentlich verliebten. Vermutlich aus dem gleichen rätselhaften Grund wie Männer, antwortete ich. Der Freund schüttelte lächelnd den Kopf. Das tut er immer, bevor er eine wichtige Einsicht verkündet.
«Wir Männer», sagte er, «verlieben uns in das, was wir sehen wollen. Alles, was wir nicht sehen wollen, blenden wir aus. Von der Frau selber begreifen wir gar nichts.» Ich sagte schon wieder, bei Frauen sei das vermutlich ganz ähnlich, und wieder schüttelte er den

Kopf. «Nichts macht eine Frau weniger blind als Liebe. Im Gegenteil: Sie bekommt einen Röntgenblick, wenn ihr ein Mann gefällt. Sie begreift instinktiv, intuitiv oder was weiss ich wie, ob er ein Faulpelz, ein Feigling, ein Angeber, ein Geizkragen oder alles zusammen ist.» Er machte eine Pause, um mich nachdenken zu lassen. Ich dachte nach. Die Männer, die ich immer schon zu kennen geglaubt hatte, zogen vorbei. Die Erinnerungen an den ersten Eindruck waren scharf wie Standbilder und keineswegs nur glorios. Der Freund sah mich triumphierend an. «Siehst Du? Und jetzt sag' mir, warum sich Frauen verlieben, wenn sie all das, was sie an dem Mann später nicht ertragen werden, schon auf den ersten Blick gesehen haben?» Ich sagte gar nichts. Man soll es mit der Wahrheit nicht übertreiben. Oder würden Sie als erwachsene Frau einem erwachsenem Mann, der ihnen ziemlich gefällt, gleich auf Anhieb auf die Nase binden, dass Sie ihn schon noch ändern werden?

Culo! Culo!

Wenn der Tifoso sich dem Fussball hingibt, ist der Ausländer entzückt. Denn nie deckt sich ein Klischee so nahtlos mit der Wirklichkeit wie in den 90 Minuten, in denen sich der Italiener seinem Fussballwahnsinn überlässt. Als am letzten Dienstag um halb sieben die Azzurri zum entscheidenden Qualifikationsspiel gegen Mexiko antraten, waren die italienischen Strassen klischeegemäss so verlassen wie die Wüste Gobi. Die Demonstration vor dem Arbeitsministerium in Rom war um sechs ohne jedes polizeiliche Eingreifen auseinandergestoben, die Abgeordnetenkammer hatte ihre Traktandenliste vorverlegt. Selbst das Direktorium der Ex-Kommunisten, die für ihre Disziplin berüchtigt sind, unterbrach die Beratung über die Wahl des künftigen Sekretärs, um das Spiel nicht zu verpassen. Sollte die Opposition doch führerlos vor sich hintaumeln. Berlusconi hatte ja ohnehin sämtliche Trümpfe in der Hand.
Überhaupt Berlusconi, die Kanaille! Hat aus dem Kampfschrei «Forza Italia!» eine Partei gemacht und nennt seine Abgeordnetenfraktion «Azzurri». Was kann denn ein Tifoso noch rufen, ohne in den Ruch zu geraten, ein politischer Mitläufer zu sein? Das Problem ist keineswegs lachhaft, denn die siebzig Prozent Italiener, die Berlusconi nicht gewählt haben, verachten ihn ebenso leidenschaftlich wie ihn seine Anhänger bewundern. Und da er nicht nur die Slogans der Fussballnation für sich gepachtet hat, sondern auch ein wesentlicher Teil der Nationalspieler aus seinem Club AC Milan kommen, artete praktisch jeder Kommentar in ein Votum für oder gegen Berlusconi aus, was eine bislang völlig unbekannte Note ins Spiel brachte. «Maldini, du blinde Mozzarella! Darfst du mitkicken,

weil du rechts gewählt hast?» «Wenn Baresi noch ein Tor verhindert, wird er Innenminister.»
Wo der Glaube an die Reinheit des Fussballs zerstört ist, muss der Aberglaube herhalten. In meiner Lieblingsbar bäumte sich seit Beginn der WM plötzlich ein grauenvolles Holzpferd oberhalb des Fernsehers auf. Sobald es vor dem italienischen Tor brenzlig wurde, sprang Franco, der Besitzer auf und rieb heftig am Pferd, dort, wo die Äpfel herausfallen. Wenn er es in der Atemlosigkeit vergass, brüllte die versammelte Bar «Culo! Culo!», was sowohl Hinterteil wie Glück bedeutet und ihn zum sofortigen Reiben veranlasste. Als Mexiko trotzdem den Ausgleichstreffer schoss, musterte Franco seine Gäste mit zitternder Empörung und schrie: «Alle roten Hemden raus! Ihr haltet heimlich zu den Mexikanern.» Zwei Gäste zogen widerspruchslos ihre T-Shirts aus. Es half nichts. Franco stürzte hinter den Tresen und kam mit einer Packung Salz zurück. «Alle eine Handvoll Salz über die Schulter werfen!» Wir warfen gehorsam, es blieb beim 1:1. Zehn Minuten vor Spielende schlenderte ein ahnungsloser Priester vorbei. Franco, gottlos wie wenige, warf alle Prinzipien über Bord. «Padre, ich weiss, es ist ein Sakrileg, aber könnten Sie nicht irgend einen Segen...?» Der Padre schüttelte bedauernd den Kopf.
Einige Stunden später retteten die Russen mit sechs Toren gegen Kamerun das italienische Team vor der verfrühten Heimreise. Franco verstaute das Holzpferd und stellte wieder den roten Stern auf den Fernseher, der schon immer da gestanden hatte.

Wenn der Mond
im siebten Hause steht

Jubiläumsfeiern sind aufschlussreich, weil sie zeigen, was sich der Mensch merkt. Noch spannender sind ungefeierte Jubiläen, denn sie erzählen, woran wir uns nicht erinnern wollen. Der Mond ist für beide Fälle ein interessantes Beispiel. Bereits zwei Jahre bevor der erste Astronaut seinen Fuss auf den Erdtrabanten setzte, verhiess der Mond den Anbruch einer neuen Ära. «When the moon is in the seventh house...» wurde 1967 in New York zum erstenmal auf der Bühne gesungen und dann von einer aufmüpfigen Generation weltweit zur Hymne erkoren. Zwar war Astrologie damals noch kein Massenhobby, und kaum einer wusste, was «der Mond im siebten Haus» bedeutete. Aber dass dank dieser Mondposition nun bald das friedliche Age of Aquarius anbrechen würde, löste allgemeine Begeisterung aus. Heute greifen sich die meisten, die damals mitsangen, an den Kopf, wenn sie sich an das Hoffen auf den Wassermann erinnern: «And love will start to shine...» – ein kosmisches Ammenmärchen. Wer sich 1994 «Hair» ansieht, nickt spätestens nach einer Viertelstunde ein. Nie ist ein epochemachendes Musical rasanter verstaubt.
Eigentlich wäre das ein prächtiger Grund gewesen, vor zwei Jahren das 25jährige Bestehen der «Hair»-Uraufführung zu feiern. Utopien, die von der Realität in den Sand gesetzt wurden, ergaben schon immer die besten Feiern. Die Deutschen haben bis 1989 am 17. Juni den Tag der deutschen Einheit zelebriert, und zwar genau deswegen, weil es eine solche nicht gab. Am 20. Juli begehen sie mit grossem Zeremoniell den Jahrestag des Attentats auf Adolf Hitler, das bekanntlich gescheitert ist. Wir Schweizer bekommen neuerdings am 1. August frei, weil wir nun definitiv wissen,

dass es Nationalheld Wilhelm Tell gar nie gegeben hat.
Und seit bald 2000 Jahren feiern wir alljährlich Weihnachten und Ostern, als sei aus der christlichen Nächstenliebe je etwas geworden.

Leider haben die neueren Helden der Utopie wenig Aussicht auf Gedenkfeiern. John F. Kennedy, obschon im nachhinein von Historikern wenig geschätzt, wurde als Symbol der Erneuerung noch eine Weile hochgehalten. Aber schon wenige Jahre später waren die in fröhlicher oder feierlicher Erinnerung zu Zelebrierenden Mangelware. Robert Kennedy hat es nur noch zum Halbhelden geschafft. Und wer kann sich noch an Che Guevaras Todestag erinnern? Wer würde Neil Armstrong ohne Moonboots und Raumanzug erkennen? In welchem Jahr wurde John Lennon erschosssen? Der junge Deutsche Matthias Rust, der mit einem Propellerflugzeug auf dem Roten Platz landete, hat uns in utopisches Gelächter ausbrechen lassen. Heute erinnern wir uns nicht einmal mehr an unser Lachen. Denn damals hatte Gorbatschow bereits mit der Abrüstung begonnen. Letzterer wäre eigentlich auch irgendwann zu feiern – trotz allem. Aber wann, wo, wie? Schliesslich sind da auch Mutter Theresa, der Dalai-Lama, Nelson Mandela und Pelé.

Wahrscheinlich werden wir nur Pelé feiern, der keiner Utopie, sondern einem Ball nachgerannt ist.

Bingo!

In einer deutschen Tageszeitung erschien kürzlich eine kleine Meldung, die meine sämtlichen Ehevorstellungen ins Wanken brachte. «Lotto-Millionäre», schrieb das Blatt, «verschweigen ihren Ehepartnern immer häufiger ihren Reichtum.» Revisoren berichteten, dass sie von Gewinnern zunehmend in abgeschiedene Wälder oder auf einsame Parkbänke bestellt werden, damit die andere Ehehälfte nichts von dem unvermittelt hereingebrochenen Wohlstand erfährt. Es handle sich um eine vorbeugende Massnahme, mutmasste einer der Lotto-Auszahler, damit der Glückliche im Falle einer Scheidung nichts von dem unverdienten Geld herausrücken müsse.
Das ist keine Mutmassung, sondern die Diagnose einer Katastrophe. Nicht, dass die Ehe bislang als Hort des Friedens und des Glücks gegolten hätte. Aber sie schien, zumindest für Aussenstehende, eine faszinierende Institution. Sie verbindet zwei Menschen, die sich zum Zeitpunkt der Heirat als füreinander geschaffen empfinden. In der Regel sind die beiden jedoch schon wenige Jahre später auf jeden Fremden zehnmal so neugierig wie auf den, der für sie geschaffen war. Aber das wird offensichtlich wettgemacht durch die Tröstlichkeit der Gewohnheiten, die das Eheleben mit sich bringt. Allerdings war ich immer erstaunt, wie skeptisch Verheiratete ihren Zivilstand sehen. Kein unverheiratetes Paar macht je simultan ein so bedenkliches Gesicht, wenn jemand von Hochzeit redet, wie das zwei seit längerem Vermählte tun. Dennoch sind Ehen im Schnitt dauerhafter als nichtlegalisierte Beziehungen – zwei Drittel dauern ein Leben lang. Das Band der Ehe, schliessen Ledige dar-

aus, muss zwar einschneidend sein, aber auch bemerkenswerten Halt verschaffen.

Da ich mir meine von Erfahrung ungetrübten Ehe-Phantasien nicht nehmen lassen will, versuche ich seit zwei Tagen Gründe zu finden, warum der Lotto-Auszahler mit seiner schrecklichen Mutmassung irrt. Es fällt mir nichts ein. Schliesslich können nicht alle, die das grosse Los gezogen haben, in bereits zerrütteten Verhältnissen gelebt haben. Selbst wenn: Kann Ehe so hinterhältig machen? Und was war mit den glücklich verheirateten Gewinnern? Kurzzeitig habe ich mich an den Gedanken geklammert, der Mensch wolle eben um seinetwillen geliebt werden. Leider ist der Gedanke angesichts der Höhe durchschnittlicher Lottogewinne lächerlich. Toto, Lotto oder Bingo machen niemanden zum Rockefeller, sondern höchstens zum Eigenheimbesitzer. Ausserdem wurde der Gewinner bereits um seinetwillen geheiratet. Mehr an Liebesbeweis kann er nicht verlangen.

Warum also schafft ein verheirateter Lottogewinner versteckt beiseite, was er zu zweit genüsslich verpulvern könnte? Immerhin ist die Anstrengung, ein paar Hunderttausender heimlich anzulegen und sich vor dem angetrauten Menschen jeden Freudensprung zu verbieten, nicht zu unterschätzen. «Wenn ich im Lotto gewinne, nehme ich mir eine Jüngere», sinniert ein Ehemann in einem Roman von Otto F. Walter. Vermutlich sind gewisse Erklärungen so einfach.

Prestige

Die Dame hinter dem Schalter war gebräunt, gefärbt, geliftet und teuer gekleidet. Sie strahlte mit jeder Pore ihres Wesens aus, dass sie eigentlich woanders hingehöre als in eine mittlere italienische Bankfiliale. Sie war nur zufällig da. Sie arbeitete nur zufällig. Als ein Kunde ihr wortreich sein Anliegen erklärte, blickte sie an ihm vorbei in die Ferne. Nachdem er fertiggeredet hatte, deutete sie stumm mit dem gepflegten Zeigefinger auf das Schild über ihrem Schalter. «Kredit- und Bancomatkarten» stand darauf. Der Kunde verzichtete auf die Frage, wer der für ihn zuständige Bankbeamte sei. Die Dame blickte bereits wieder ausdruckslos ins Leere.
Ich stand am Schalter nebenan in der Schlange und überlegte, warum der Mann nicht wütend geworden war. Weil die Stumme eine so offensichtliche Schnepfe war? Weil sie förmlich nach Prestige roch? Wie riecht Prestige? Warum kann es auch an Schnepfen haften? Dann kam mir in den Sinn, dass ich wegen einer Bancomatkarte hier war. Ausgerechnet! Ich bin Schnepfen mit Prestige hilflos ausgeliefert. Mir braucht nur eine dieser makellosen Parfümverkäuferinnen strafend auf die Augenringe zu schauen, schon kaufe ich eine Kurpackung Augengel. Aber haben Parfümverkäuferinnen wirklich Prestige? Oder sind sie ganz normale Terroristinnen, vor denen man ganz normal Angst hat?
Die Dame hinter dem Bankschalter betrachtete ihre blitzsauberen Fingernägel. Meine waren leicht gräulich. Wie schafft es jemand bei 40 Grad Hitze, länger als drei Minuten weisse Fingernägel zu haben? Gott sei Dank hatte ich die neue Bluse angezogen. Aber die Hosen waren ziemlich ausgebeult. Und die Schuhe zudem ziemlich staubig vom römischen Strassendreck.

Es war nicht sehr wichtig. Es war nur irritierend. Jener kurze Stressmoment angesichts einer Prestige verströmenden Person, in dem man sich seiner ganzen Improvisiertheit bewusst wird. Was sind das für Leute, die einen schrumpfen lassen, selbst wenn man sie grauenhaft findet? Manche Menschen betreten einen Raum und besetzen gleich so viel Platz, dass die anderen unwillkürlich zusammenrücken. Worin besteht dieser unsichtbare Über- und Unterbau, den man Prestige nennt und der sie so raumgreifend macht? Sicher kommt man mit Geld und hohen Titeln, seltener auch mit hoher Kompetenz zu einem Prestige. Aber so einfach ist es nicht. Mancher kauft sich aus Prestigegründen einen Flachbanduhr von Patek-Philippe und ist nachher doch nur ein Heini mit einer überrissenen Uhr. Die Dame in der Bank war eine so kleine Nummer, dass sie es nicht einmal zu einem eigenen Büro gebracht hatte. Und trotzdem war ihr Prestige unbestreitbar.

Ich besann mich auf meine unschlagbaren inneren Werte, trat vor sie hin und fragte, wie ich zu einer Bancomatkarte kommen könne. Sie schob mir ein leeres weisses Blatt hin: «Notieren Sie Ihre Daten.» Wie? Kein vorgedrucktes Formular, nicht einmal ein Briefkopf? Fragend sah ich sie an. Sie löst widerwillig ihren Blick aus dem Nichts. «O.K., ich werde es Ihnen diktieren. Können Sie wenigstens schreiben?» Ich wollte sie erschlagen, erdrosseln, erdolchen und erhängen. «Ja», sagte ich eifrig.

Ein treuer Ehemann

«Ach, wäre ich nur ein Mohammedaner», seufzte der Mann und legte das Reisemagazin wieder auf die Theke zurück, «sieben Frauen würde ich mir zulegen. Sieben. Eine für jeden Tag. Oder manchmal drei am gleichen Morgen. Dass muss das Paradies sein.» Der Verkäufer im Zeitungsladen verdrehte die Augen, obwohl er noch jung und ledig ist und vom 7-Frauen-Paradies gar nichts wissen kann. Mir fielen Cindy Crawford und Richard Gere ein, die sich angeblich demnächst scheiden lassen, obwohl sie beide – auch angeblich – homosexuell sind und also den angeheirateten Partner in paradiesischem Frieden gewähren lassen könnten. Nicht einmal die hatten es geschafft. Und der Mann wollte sich das Ehekreuz gleich siebenfach ins Haus holen. Die üblichen italienischen Männersprüche, dachte ich und streckte dem Verkäufer das Geld für den «Corriere della Sera» hin.
Der Mann redete weiter. «Seit vierzig Jahren die gleiche Frau, wer hält denn das aus?» sagte er mit jammerndem Ton. Der Zeitungsveräufer sah ihn fragend an, aber der Mann machte keine Anstalten, ein Druckerzeugnis zu erwerben. «Jawohl, seit vierzig Jahren», insistierte er. «Nur einmal war ich mit einem anderen Mädchen im Bett, und schon hat sie mir ein Ohr abgeschnitten.» Wie bitte? Ich schielte verstohlen zu ihm hinüber, konnte aber nur ein einziges Ohr sehen, und das war gross und heil. Der Mann hatte den Blick bemerkt und lief zu Grossform auf. «Sehen Sie her, Signora», rief er, strich die grauen Strähnen zurück und reckte mir die Stelle entgegen, wo das zweite Ohr hätte sein sollen. Es war keines da, sondern nur ein Loch, ein Läppchen und darüber ein verwachsener Wulst. Ich starrte den Zeitungsverkäufer ungläubig an,

er starrte ungläubig auf das Restohr. Der Mann war vielleicht fünfundsechzig und wirkte sehr seriös, wenn auch im Moment äusserst vergnügt. «Ich lag also da im Bett mit dem Mädchen, meine Frau kam herein mit dem Messer in der Hand, packte mich am Ohr, und track!» Er strahlte. «Ich kann Ihnen gar nicht erzählen, wie wütend meine Frau war. Tja, sie ist schon eine Nummer, sowas findet man heute nicht mehr.» Mir dämmerte, warum Lorena Bobbitt so viele Heiratsanträge erhält. Der Zeitungsverkäufer schwieg noch immer. «Seither», sagte der Mann, «bin ich nie mehr fremdgegangen. Bin ich denn ein Idiot? Was soll ich mit anderen Mädchen, wo ich eine solche Wunderfrau zu Hause habe? Wenn alle Männer so klug wären wie ich und begreifen würden, welche Frau für sie die Richtige ist, dann würden sie nicht ständig fremden Röcken nachrennen.»

Ich steckte den «Corriere» in die Tasche und ging nach Hause. Die Geschichte würde mir wieder einmal kein Mensch glauben.

Ida und Anna

Früher gingen Männer Zigaretten holen und kehrten nicht mehr zurück. Zwar kennt in Wahrheit niemand einen Raucher, der, statt MaryLong zu kaufen, eines Tages auf Nimmerwiedersehen verschwunden ist, aber die Legende hält sich hartnäckig. Die Sehnsucht, sein altes Leben wie einen Rucksack in eine Ecke zu stellen und ohne Gepäck und Erklärungen abzutauchen, ist jedem so vertraut, dass es einfach Leute geben muss, die sich solche Träume erfüllen.
Ida und Anna haben es versucht. Ida ist 28, seit zwölf Jahren mit einem Leichenbestatter verheiratet, dreifache Mutter und Verkäuferin in einem Blumenladen. Anna ist fünf Jahre jünger und seit drei Jahren Ehefrau eines Chauffeurs. Sie hat einen kleinen Sohn und führt einen Tabakwarenladen, drei Schritte von Idas Blumengeschäft entfernt. Serre, der Ort in dem sie wohnen, ist ein gottverlassenes Dorf in der Campania. In Serre gibt es keine Disco, kein Kino und auch sonst nichts, wo sich ein junger Mensch lebendig fühlen könnte.
Am 5. Oktober lösen Ida und Anna ein Eisenbahnbillet nach Genua, weil es nach Annas Aussage keinen per Bahn erreichbaren Ort gab, der weiter von Serre entfernt war. In Genua steigen sie im Billig-Hotel «Stella» beim Bahnhof ab und fragen den Hotelbesitzer nach Arbeit. Er verweist die beiden jungen Frauen an ein Putzinstitut. In Serre erstatten die Ehemänner Vermisstenanzeige. Lokalreporter greifen den Fall auf, dann werden die grossen Zeitungen und das Fernsehen aufmerksam. Denn zu Idas und Annas Pech drehte Ridley Scott vor ein paar Jahren «Thelma and Louise», einen Film über zwei Frauen, die eines Tages einfach weggehen. Es war der erste Hollywood-Erfolg,

der aufbegehrende Durchschnittsfrauen als Heldinnen zeigte.
Die zwei Frauen aus Serre, die von Scott noch nie etwas gehört oder gesehen haben, werden in «Thelma e Luisa» umgetauft, und ganz Italien sucht nach ihnen. Ihre Ehemänner legen auf Titelseiten und in Tagesschauen Liebesschwüre ab und flehen sie an, nach Hause zurückzukehren. Die Zeitungen phantasieren von Sekten, lesbischer Liebe und Prostitution. Der «Stella»-Besitzer erkennt sie und informiert die Medien.
Ida und Anna entkommen den Kameras rechtzeitig. Aber da die zwei Frauen weder das Geld noch die Nerven haben, einem Volk von Fahndern länger auszuweichen, melden sie sich nach zwölf Tagen bei der Polizei. Am Tag darauf entschuldigt sich die Tageszeitung «La Repubblica» öffentlich bei den beiden, die «Thelma e Luisa»-Hatz mitgeschürt zu haben, obschon sie mit den Filmheldinnen nur die Flucht zu zweit gemeinsam hätten. «Wie werden sie sich gefühlt haben, als sie in dieser ohnehin schlimmen Lage überall ihr Bild sahen?» fragte das Blatt bange. Aber da waren Ida und Anna mit den herbeigereisten Ehemännern bereits wieder Richtung Serre unterwegs.

Der Rottweiler

Vermutlich können Sie die Namen Charles und Diana auch nicht mehr hören. Bulimie, Treppenstürze, liebestolle Reitlehrer und nun auch noch des Kronprinzen autobiographisches Gejammer – es war zuviel des Guten. Ein bisschen königliches Unglück hätten wir uns gerne zu Gemüte geführt. Das massiert die Seele der Titellosen. Aber wenn Prinzens eine schiefgelaufene Ehe zur griechischen Tragödie hochposaunen, wird der kommune Mensch irgendwann ungehalten. Schliesslich beträgt die Scheidungsrate hienieden über dreissig Prozent, und keiner macht ein solches Theater.

Dass die Windsors hier trotzdem zur Sprache kommen, liegt an einem Hund, der eine Frau ist: am Rottweiler. Jeder Leser, dem in den letzten Jahren auch nur eine Klatschgeschichte über die Royals vor Augen gekommen ist, weiss, dass der Rottweiler inzwischen als weltweit gängige Bezeichnung für Charles' Geliebte Camilla Parker-Bowles verwendet wird. Mit dem Hundenamen soll Diana ihre Nebenbuhlerin abgekanzelt haben, was durchaus nachzuempfinden ist. Den befreienden Effekt, eine Rivalin vor Dritten als Zwergnatter oder Plattwurm zu beschimpfen, kennt jede, die es ausprobiert hat.

Entschieden weniger verständlich ist die Eilfertigkeit, mit der die Presse den Rottweiler übernahm. Denn erstens erinnert Camilla, wenn überhaupt, an ein Pferd und nicht an einen Hund. Zweitens ist es eine Unverschämtheit. Aber es ist nur eine von vielen. Die Frau, die als einzige in dieser endlosen Schmonzette den Mund gehalten hat, wird einhellig als verhärmt, verschlampt und verlebt beschrieben. Wer je ein halbwegs vorteilhaftes Bild von ihr gesehen hat, ist irritiert.

Camilla Parker-Bowles hat ein hinreissendes Lächeln, ein energisches Kinn und einen Busen, der jedes D-Körbchen sprengt. Wirtinnen sehen manchmal so aus, und ihre Lokale gehen gut.
Dass Falten um den Mund bei anhaltendem Liebesstress tiefer werden, weiss jedermann, und die niedrige Trefferquote der Engländerinnen bei der Auswahl ihrer Garderobe ist international bekannt. Aber Wörter wie verlebt und verschlampt stehen nicht für Kummer und mangelnden Kleidergeschmack, sondern für Sex. Und hier wird die Sache mindestens ebenso männer- wie frauenfeindlich.
Prinz Charles hat ein Tabu verletzt. Wäre er mit einer brasilianischen Tänzerin oder einer dänischen Schönheitskönigin fremdgegangen, würde man ihm verständnisvoll zuzwinkern. Aber Lust und Liebe bei einer leicht übergewichtigen Gleichaltrigen zu suchen, wo er zu Hause eine entschieden jüngere Dünne hatte, ist nicht normal. Dafür gibt es in den Holzköpfen der Schreiberlinge nur eine Erklärung: Camilla muss etwas ganz Besonderes im erotischen Angebot gehabt haben. Also ist sie eine Schlampe. Und zu einer Schlampe darf man ruhig Rottweiler sagen.

Ein weitsichtiger Mann

Leutnant Yahya Jammeh, nach vorliegenden Angaben ein strenggläubiger Muslim, wurde im Juni dieses Jahres durch einen Staatsstreich Regierungschef von Gambia. Nach wenigen Amtswochen, über deren Verlauf in der Mehrzahl europäischer Zeitungen nichts zu erfahren war, gelang es dem neuen Staatsoberhaupt mit einer äusserst ungewöhnlichen Erklärung, auch bei uns Beachtung zu finden. Weisse Touristinnen mittleren Alters, liess Jammeh verlautbaren, die in seinem Land Sex mit einheimischen Männern suchten, seien ab sofort unwillkommen. «Wir sind Afrikaner», sagte der Leutnant, «und wir haben unsere eigenen moralischen Werte. Sex auf geschäftlicher Basis können wir nicht hinnehmen.»
Über allfällige Sanktionen gegen Touristinnen, die nach gambesischen Schätzungen vor allem des Einen wegen in das westafrikanische Land fahren, ist noch nichts bekannt. Aber dass eine Urlauberin ab, sagen wir, achtunddreissig, in Gambia unerwünscht ist, weil sie gegen Bezahlung Hand an einen Einheimischen legen möchte, wird sich reisefreudigen Frauen auch ohne weiteres Strafrisiko warnend ins Gehirn prägen.
Der politisch korrekte Mensch kann sich über Leutnant Jammehs Warnung in vielfältigster Weise empören. Mit welchem Recht diskriminiert er Frauen mittleren Alters? Wieso bleiben die moralischen Werte der Gambierinnen unerwähnt? Dürfen sie auf geschäftlicher Basis Sex betreiben oder nicht, und wenn ja, weshalb gibt es für ausländische Männer keine Altersgrenze? Ausserdem drängt sich dem Korrekten unweigerlich die Frage auf, wann denn jemals ein Staatsoberhaupt männliche Sextouristen als unwillkommen bezeichnet hat, weil sie die Würde der

einheimischen Frauen verletzen. Die Antworten liegen auf der Hand und lassen sich zu einer einzigen zusammenfassen: Die Frauen sind immer die Neger. Das ist das Langweilige an der politischen Korrektheit. Sie wirft die falschen Probleme auf und kommt zu weinerlichen Schlüssen.

Erheblich interessanter als Leutnant Jammehs Männlichkeitswahn ist die Frage, wovon er eigentlich redet. Weiblicher Sextourismus? Günther Nenning kündigte anfangs Juli im ORF eine Talk-Show zum Thema an und raufte sich während der Sendung verzweifelt die Haare, weil er zwar einen Stripper, einen Animateur und einen Düsseldorfer Prostituierten gefunden hatte, aber nicht eine einzige Frau, die bestätigte, schon einmal einen schönen Gambianer oder Jamaikaner für sexuelle Dienste entlohnt zu haben.

Das macht stutzig in Zeiten, wo jeder Sodomist, jede Provinzdomina vor die Kamera drängt. Natürlich haben zahlreiche Touristinnen in Drittweltländern Sex mit Einheimischen. Dafür zahlen sie Drinks und Abendessen, aber selten mehr. Denn sonst würden die Rollen in Frage gestellt, und das verkraftet noch kaum eine Frau. Aber möglicherweise ist Leutnant Jammeh ein sehr weitsichtiger Mann.